エピソードで学ぶ

乳幼児の発達心理学

関係のなかでそだつ子どもたち

岡本依子
菅野幸恵
塚田-城みちる

新曜社

発達のみちすじ

	胎児期	0ヵ月	3ヵ月
	妊娠16週。右に頭部、中央に胴体、左に両膝が写っている。身長20cm弱のはずだが、足を曲げているので測定不能。	誕生直後。大きな声で泣き、手足をぎこちなく動かす元気な赤ちゃん。	あと2日で生後3ヵ月。このころは、きゃっきゃとよく笑う時期。うつぶせでしっかり頭をあげて、ごきげん。
身体と運動	妊娠中期には、胎動を感じることができる。胎児は、身体を回転、伸展させたり、手足を伸展させたり、後期には、指しゃぶりもする。	出生時には、身長約50cm、体重約3kg。生後すぐの運動は、新生児反射に支えられている。口唇に何かが触れると舌や口唇で吸う吸てつ反射などがある。新生児反射は、生後数ヶ月で消失する。	首がすわる。指しゃぶりを始める。がらがらを握ることができるようになる。うつぶせで頭をあげるようになる。
心とことば	妊娠後期には、感覚機能が発達し、音を聞き分けたり、光の明暗を感じることができるようになる。	感覚機能は発達しており、約20cmの距離の対象を凝視する。まどろみ時などに、微笑みが生じる（自発的微笑）。	人があやすと微笑む（社会的微笑）。「アー」や「クー」というやわらかい発声（クーイング）から、「アーウー」喃語へと変化しはじめる。

この表は、誕生前から6歳頃までの発達のみちすじを描いたものです。最上段には、そのときどきの子どもの様子をイメージしやすいよう、ひとりの子どもの写真を発達順に配しました。そのすぐ下には、写真の説明を添えました。中段・下段は、それぞれの時期の発達の特徴を、「身体と運動」の面と「心とことば」の面にわけて整理しました。発達の特徴といっても、子どもの発達には大きな個人差があるので、これは、だいたいの目安と考えていただければと思います。

	6ヵ月	9ヵ月	1歳
	生後5ヵ月20日。身体がとても柔軟で，足をつかんで，それをおもちゃにしてごきげんに遊ぶ。	生後8ヵ月12日。はじめは，後ろにしか進めなかったはいはいが，前にも動けるようになってきた。	1歳になる4日前。歩くことができるようになり，歩くだけで楽しくなってくる。声を上げて，ケタケタ笑いながら歩く。
身体と運動	寝返りをうつ。物に手を伸ばす。仰向けで，足を上げ，手で足のつま先をつかむ。	支えなしに座る。つかまり立ちができる。手に持った積み木を持ちかえる。はいはいをする。	身長約75cm，体重約9kg。つたい歩きができる。ひとりで立ち上がり，数歩歩けるようになる。細かい物を指でつまむ。両手で積み木を打ち合わせる。
心とことば	親など見慣れた人と見知らぬ人の顔の見分けがつくようになり，ひとみしりをする子どももいる。	名前を呼ぶとわかる。バイバイなどのまねをする。指で何かを指し示し，大人に伝えようとする（指さし行動）。	「ママ」，「パパ」，「まんま」など言う。「おいで」など大人の言うことがわかる。音楽に合わせて身体を動かす。名前を呼ばれて，両手をあげる。

	1歳半	2歳	3歳
	1歳6ヵ月。「とんとん，アンパンマン」の手遊び。大人が歌ってやると，上手に身振りができる。	2歳3ヵ月。ブロックの大きなピースを目にあてて，カメラに見立てて「はい，ポーズ！かしゃっ」	3歳少し前。お絵かきに夢中。円を描いて，なかを塗りつぶす。本人によれば，アンパンマンの絵とのこと。
身体と運動	ひとりで上手に歩く。積み木を積む。コップを手でもって飲む。	身長約85cm，体重約11kg。走る。ボールを転がす。ボールを蹴る。なぐり描きをする。スプーンを使って食べる。	身長約95cm，体重約13kg。手を使わずに階段の上り下りができる。片足飛びができる。丸を描くことができる。
心とことば	意味のある単語を数語から数十語言える（一語発話）。動作のまねができる。	2つの単語をつなげて言える（二語発話）。机を拭くふりなどのふり遊びをする。	日常的な会話ができる。ままごとなど，ごっこ遊びをする。経験したことを話して伝える。

	4歳	5歳	6歳
	4歳。補助輪付きの自転車に乗れるようになった。お父さんと近所のお店にお買い物。	5歳10ヵ月。下の歯が抜けた。5～6歳頃,乳歯が抜けて永久歯に生え替わる。	6歳の終わりごろ。逆上がりに挑戦。なかなかうまくできないが,何度もトライ。
身体と運動	身長約100cm,体重約15kg。平均台を歩く。スキップができる。ひもを結ぶ。	身長約110cm,体重約17kg。跳び箱を跳ぶ。ボールをつく。	身長約115cm,体重約20kg。鉄棒で前回りをする。
心とことば	約束が理解できる。疑問に思ったことを尋ねる。他人の考えや気持ちを推測する。友だちとおどけたり,ふざけたりして遊ぶ。	鬼ごっこなどルールのある集団遊びをする。自分の名前を書く。	ひらがなを書く,読む。想像してお話を創る。声を出して,本を読む。

はじめに

　4年半前から，私たち3人は，あるタウン誌に子育てや子どもの日常にかかわるコラムを書き続けてきました。これは，たまたま岡本が研究のため通っていた育児サークルに，やはりたまたま，タウン誌の編集に携わるお母さまがいらして，そのお母さまが，これもたまたま，岡本には子どもがいて子育てをしながら研究活動をしていることを知って，コラム執筆のお話をくださったのでした。

　子どものことについてなら，書くことはいくらでもありました。書いて記録しておかなくては「もったいない」と思えるくらい，子どもは毎日おもしろいことを「しでかして」くれていました。とはいえ，仕事も育児もいっぱいいっぱいの状態だった岡本は，毎月毎月，締め切り日にあわせて原稿が提出できるかどうかが心配で，研究者仲間の菅野，塚田に声をかけ，3人交代でコラムを書くことになったのでした。菅野，塚田も子育てや保育の現場をよく見知っていましたし，そこで深く子どもと関わっていました。私たち3人は，お堅い研究論文にはなかなか書けないような，でもとても魅力的な子どもにまつわるエピソードを，毎月ひとつずつコラムとして書きためていったのでした。

　こうして書きためたエピソードを，初学者向けの発達心理学のテキストとして書き直すというのは，実は，新曜社の塩浦暲さんのアイディアでした。子どもにまつわる出来事を書き記したエピソードと，発達心理学の概説を交互に配置したのです。エピソードを読んで，子どもの姿や行動，声や匂いを，具体的に思い描いていただいたうえで，発達心理学の知見に触れていただこうというのが，ねらいです。はじめて発達心理学を学ぶ人，あるいは，子育て中の方，単純に子どもに興味のある方に読んでいただければ幸いです。また，子どもは，見ていて飽きませんが，子どもと直接関わって，触れてその体温を知り，声を聞くと，もっともっと興味がわいてきます。本書を読んで，街やスーパー，電車のなかで，子どもたちを振り返り，いつもより3秒でも長く子どもたちを眺めるきっかけになればという願いも込めて，本書を書き上げました。

　本書の多くの部分を占めるエピソードは，すべて本当にあった話，しかも私

たちが直接体験したできごとだけを書きました。菅野，塚田が書いたエピソードは，調査などで訪問した乳幼児家庭や幼稚園・保育所，育児サークルなどで体験したできごと，出会ったお母さま方からの相談がもとになっています。岡本が書いたエピソードは，我が子ハルナとシュントの日常が題材です。これらのエピソードは実際にあったできごとなので，これを発達心理学の知見に結びつけて書くことは，難しい面もありました。子どもの実際の行動にはいくつもの要素が絡んでいて，いくつもの発達心理学の知見で解釈することができました。つまり，たったひとつのできごとであっても，そこには子どもの情緒的な面や認知的な面，親やお友だちとの関係など，実にさまざまな要素が絡んでいるのです。しかし，ひとつのできごとをあまり多角的に解説すると，かえってわかりにくくなってしまいそうでしたので，あえて，要点を絞って書くこととしました。なお，エピソードは実際にあった出来事ばかりですが，子どもの名前は仮名を用いたものもあります。あまりに個人が特定されてしまいそうな2つのエピソードについては，状況にまつわる表現を一部変えました。

　本書執筆にあたり，塩浦さんには本当にお世話になりました。本書の構成についてのアイディアをいただいただけでなく，わかりにくい点などご指摘いただきました。私たちは，共同執筆者だと感じているくらいです。また，同じ新曜社の松田昌代さんにも大変お世話になりました。ありがとうございました。タウン誌『ほうむたうん』の編集室のみなさまにも，エピソードを掲載し続けていただき，感謝しています。そしてなによりも，エピソードのもとになった貴重な貴重な体験を与えてくれた子どもたちとお母さま（ついでなので，岡本の場合は我が子たちにも），心より感謝いたします。ありがとうございました。世界中の子どもたちがいつも幸せで過ごせますように，健やかにのびやかに育ってくれますように，願ってやみません。

岡本　依子
菅野　幸恵
塚田 - 城　みちる

本書の構成と使い方

　本書は，6つの章からなっています。各章は，より細かいテーマごとに節をたてました。それぞれの節は，次のようにいくつかの視点から書きました。

　エピソード　各節の冒頭にかならず1つか2つのエピソードをおきました。筆者らが体験した子どもにまつわるできごとを記してあります。各節の後ろではなく冒頭においたのは，発達心理学の勉強をする前に，まずは子どものイメージをもっていただきたいからです。エピソードの部分だけを「読み物」として読んでいただくのも，楽しく本書を活用していただく方法かもしれません。

　解説　発達心理学の知見をできるだけわかりやすく整理しました。発達心理学を学ぶという目的のある方は，解説の部分だけを読んでいただき，具体的な子どものイメージがつかみにくい時は，エピソードの部分を参照していただくといいかもしれません。また，大学や短期大学の授業でこのテキストを使っていただけるとしたら，エピソードの部分を宿題として，学生に読んできてもらい，授業では解説の部分だけを説明するという使い方もあります。

　参照☞　解説のなかで，他の領域と関連している箇所は☞で参照していただきたい項を，欄外には該当ページを示しました。いろいろな角度から発達心理学を学んでいただければと思います。

　エピソード再考　エピソード内でも，子どもの行動について概説していますが，ほんの少し発達心理学について知識があると，同じ出来事の深い解釈や違った側面が見えてくることがあります。ここでは，解説のところで紹介した発達心理学の知見を前提として，より深くエピソードを読み解きます。

　もう少し深く学びたい人のために　本書は初学者向けに書いていますが，もう少し深く学びたいと感じた方のために，最近の発達心理学のトピックスなどを取り上げました。

　こぼれ話　筆者らが，発達心理学の仕事に関わるなかで素朴に感じたことを，思いつくままに書きました。

目　次

発達のみちすじ　　　　　　　　　　　　　　　ii
はじめに　　　　　　　　　　　　　　　　　　vii
本書の構成と使い方　　　　　　　　　　　　　ix

第1章　新しい世界へ——移行　　　　　　　1

1．発達とは　　　　　　　　　　　　　　2
エピソード1　いきのいい魚　　　　　　　　2

2．発達の原理　　　　　　　　　　　　　8
エピソード2　お母さんへのプレゼント　　　8
エピソード3　もうすぐ1年生　　　　　　　9

3．子どもの居場所　　　　　　　　　　　16
エピソード4　「このパジャマがいいの」　　16

4．子どもの居場所——保育所と幼稚園　　22
エピソード5　心の嵐をのりこえて　　　　　22

5．環境移行　　　　　　　　　　　　　　26
エピソード6　もうすぐぶどう組　　　　　　26

6．関係の移行　　　　　　　　　　　　　30
エピソード7　お姉ちゃんへの道?!　　　　　30
エピソード8　子どもが2人になったとき　　31
💡エピソード再考——お兄ちゃん・お姉ちゃんになる年齢　　33
💡もう少し深く学びたい人のために——第2子誕生時の親の行動　　34

第2章　人や物とかかわる——関係　　　　37

1．愛　着　　　　　　　　　　　　　　　38

エピソード9　ボク，がんばったよ　　　　　　　　　　　　　　*38*
　　エピソード10　アンパンマンといっしょ　　　　　　　　　　　*39*
２．ひとみしり　　　　　　　　　　　　　　　　　　　　　　　*44*
　　エピソード11　ひとみしりはなぜおこる　　　　　　　　　　　*44*
　💡もう少し深く学びたい人のために──３歳児神話と母性神話　　*47*
３．見知らぬ他者や物との関係づくり　　　　　　　　　　　　　*48*
　　エピソード12　世界はぼくの手からはじまる　　　　　　　　　*48*
４．遊びの発達　　　　　　　　　　　　　　　　　　　　　　　*52*
　　エピソード13　遊びは伝染する　　　　　　　　　　　　　　　*52*
５．仲間関係　　　　　　　　　　　　　　　　　　　　　　　　*56*
　　エピソード14　仲間関係の威力　　　　　　　　　　　　　　　*56*
６．保育場面での仲間関係　　　　　　　　　　　　　　　　　　*60*
　　エピソード15　おとなりがいいの　　　　　　　　　　　　　　*60*
７．秘密を分かち合う関係へ　　　　　　　　　　　　　　　　　*64*
　　エピソード16　「あのね」　　　　　　　　　　　　　　　　　*64*
　　エピソード17　小さい子をいたわる気持ち　　　　　　　　　　*67*
　💡もう少し深く学びたい人のために──異年齢の関係　　　　　　*68*
８．役割取得の発達　　　　　　　　　　　　　　　　　　　　　*70*
　　エピソード18　子どもはよき観察者　　　　　　　　　　　　　*70*
９．ジェンダー　　　　　　　　　　　　　　　　　　　　　　　*74*
　　エピソード19　立ちション?!　　　　　　　　　　　　　　　　*74*
10．親子関係の理解の発達　　　　　　　　　　　　　　　　　　*78*
　　エピソード20　アヒルの子はアヒル？　それともヒヨコ？　　　*78*

第３章　自分に気づく──自己　　　　　　　　　　　　　　　　*83*

１．自己の発達　　　　　　　　　　　　　　　　　　　　　　　*84*
　　エピソード21　赤ちゃん時代の指しゃぶり　　　　　　　　　　*84*
　　エピソード22　ボクの責任?!　　　　　　　　　　　　　　　　*85*
２．反抗期　　　　　　　　　　　　　　　　　　　　　　　　　*92*

エピソード23　「や～だぁ!!」	92
エピソード24　「教えてあげない」	93
💡もう少し深く学びたい人のために——親からみた反抗期	96
3．自己制御	**98**
エピソード25　ぶつかりあいはなんのため？	98
エピソード26　我慢は人のためならず?!	99
再考 エピソード再考——やりたくない気持ちのコントロール	101
4．自己評価の発達	**104**
エピソード27　ボクがいっぱい?!	104

第4章　感じてあらわす——情緒　　109

1．情緒の発達	**110**
エピソード28　「ぎゃーぎゃーぎゃー!!!」	110
エピソード29　「オオカミ出るよ」	111
2．一次的感情から二次的感情へ	**116**
エピソード30　あれやこれや考えると……	116
3．情緒理解	**120**
エピソード31　泣かないで	120
エピソード32　元気いっぱいなのはいいけれど……	124
💡もう少し深く学びたい人のために——情緒的コンピテンス	125

第5章　世界を知る——認知　　127

1．二項関係から三項関係へ	**128**
エピソード33　9ヵ月ミラクル	128
2．ピアジェの発達理論1　保存	**134**
エピソード34　ちいさいおいす？　おおきいおいす？	134
3．ピアジェの発達理論2　自己中心性	**138**
エピソード35　子どもは自己中心的？	138
エピソード36　おしゃべり大好き！	139

4．心の理論 　　　　　　　　　　　　　　　　　　　　　　144
エピソード37　どこにやったの？　　　　　　　　　　144
エピソード38　本気じゃないよ　　　　　　　　　　　145

5．記憶の発達 　　　　　　　　　　　　　　　　　　　　152
エピソード39　発達の影に記憶あり　　　　　　　　152

6．時間概念の発達 　　　　　　　　　　　　　　　　　　156
エピソード40　未来予想図は……　　　　　　　　　156

7．模　　倣 　　　　　　　　　　　　　　　　　　　　　160
エピソード41　「ややこしや～」　　　　　　　　　160
エピソード42　お父さんになりたい　　　　　　　　161

💡 もう少し深く学びたい人のために──メディアと子ども　　164

8．想像力の発達 　　　　　　　　　　　　　　　　　　　166
エピソード43　森の奥の赤いお家　　　　　　　　　166

9．子どもの描画 　　　　　　　　　　　　　　　　　　　170
エピソード44　えっ?!　ワニが出る！　　　　　　　170

第6章　話して伝える──ことば　　　　　　　　　　　　　177

1．言語発達 　　　　　　　　　　　　　　　　　　　　　178
エピソード45　アンパンマンのひみつ　　　　　　　178
エピソード46　赤いジュース　　　　　　　　　　　179

2．言い誤り 　　　　　　　　　　　　　　　　　　　　　184
エピソード47　「おさるさん　きのが　だいすき」……ん？　184
エピソード48　おしっこ？　おひっこし？　　　　　185

🔄 エピソード再考──ことばを獲得する積極性　　　　　188

3．話しことばの発達 　　　　　　　　　　　　　　　　　190
エピソード49　物語のはじまりはじまり　　　　　　190

4．読み書きことばの発達 　　　　　　　　　　　　　　　194
エピソード50　お姉さんへ　　　　　　　　　　　　194

引用文献　　　　　　　　　　　　　　　　　　　　　　*199*

☕ こぼれ話

障害をもつ子どもの親になること	*7*
海外の保育	*21*
保育者の子育て	*25*
子育てするのはだれ？	*29*
もしかして虐待？	*43*
ともに学ぶ・生きる	*59*
"男性"保育者の役割とは	*73*
ひとり親家庭	*91*
保育場面でのちょっと気になる子	*103*
さっちゃん	*119*
サンタクロースはいる？　いない？	*151*
父親	*175*
保育場面における異文化間適応	*193*

装幀──難波園子

第1章
新しい世界へ

◆◆◆◆移行

（4歳半，女児）「うれしいなあ，たのしいなあ」と言いながら描いた。上の段の左にいるのが運転手さん，上の段の左から3番めがなつみちゃん，ひとりずつお友達の名前を言いながら描いてくれた。

1・発達とは

エピソード1　いきのいい魚

　いきなりですが，クイズです。以下のことばは，いったい何を表現しているのでしょう。

　「いきのいい魚がピチピチしている」
　「泡がボコボコしている」
　「波打つような感じ」

　実はこれらはいずれも，妊娠中のお母さんたちが「胎動」を表現したことばなのです。胎動とは，妊婦の胎内で胎児が動くことです。最近の研究では，胎児は妊娠8週ころから自発的に運動をしはじめることがわかっていますが，お母さんたちが実際に動きを感じることができるのは，妊娠5，6ヵ月ごろからです。はじめは腸がゴロゴロしているのとあまり区別がつかないくらいで，「これが胎動かな？　違うかな？」という程度です。上の「泡がボコボコしている」というのは，この初期の胎動を表現したことばです。これから本書で子どもの発達について学んでいくわけですが，まず，妊娠の時期に，胎動がどれほど重要な役割をもっているか，という話からはじめましょう。

　妊娠中，赤ちゃんは胎内にいますから，目には見えません。だから胎動は，お腹に赤ちゃんがいる，ということを確認することのできる，ひとつの機会だといえます。

　妊娠期にすでに母子関係がはじまっている，ということを，お母さんたちの胎動のとらえ方を調べた調査からも垣間見ることができます。私たちは，妊娠しているお母さん方に胎動の様子を日記に書いてもらい，それを分析しました。簡単に紹介すると，胎動を感じ始めたころは，まさしくお腹に赤ちゃんがいることを実感できるのですから，とてもうれしく，喜びも大きいようです。しかし赤ちゃんが成長するにしたがって，胎動は必ずしもうれしいものだけではなくなっていきます。「痛い」胎動のはじまりです。お母さんは夜眠いのにお腹の赤ちゃんは元気いっぱいでなかなか寝かせてくれなかったり，思わず「イタイ！」と飛び上がってしまうほど衝撃が強かったりします。しかも，それが，お母さんの意志や意図にかかわらずおこるのです。出産直前ともなると，お腹の動きを「（赤ちゃんが）お腹のなかが狭いので早く外に出たがっている」ように感じ，胎動と出産を結びつけるようになってきます。

　お母さんたちは胎動を通して，赤ちゃんを自分とは違う意志や意図をもったものとしてとらえ，出産や産まれた後への心の準備をしているともいえるでしょう。そう考えると，妊娠中のお母さんと生まれてくる子どもにとって，胎動は非常に重要だということがわかります。

解 説

(1) 発達心理学とは

　心理学は，人間の行動や心の動きをよりよく理解するための学問である。発達心理学は心理学のひとつの分野で，受胎から死に至るまでの人間の心や行動がどのように変化していくのか，どのような要因によって変化していくのか，それは個人個人や家族の違い，文化の違いなどによって，どう異なるのか（あるいは異ならないか）を研究する。ここで，発達心理学でいう「発達」は，子どもだけの現象ではなく，受胎から死まで，人生の全体にわたるものとしてとらえていることに注意して欲しい。発達心理学では，大人になっても発達していると考えるのである。身体が大きくなる，できなかったことができるようになるという成長，進歩，向上だけではなく，できたことができなくな

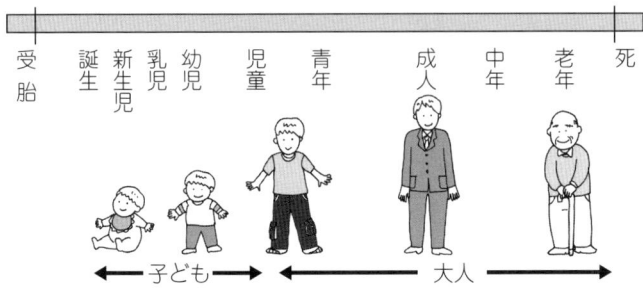

図1-1　発達心理学の扱う範囲

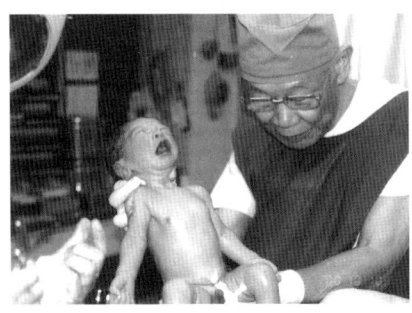

（誕生の瞬間，男児）お医者さんに取り上げられ大きな産声を上げる。これから，へその緒を切るところ。

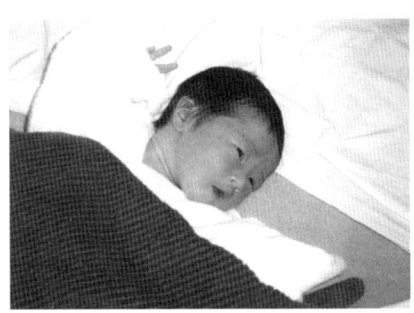

（生後1日目，女児）はじめて見る世界はどんなふうに見えているのかな。

第1章　新しい世界へ──移行　　3

る，あった機能が失われるという，衰退や喪失も発達の重要な側面としてとらえ，人間の一生を全体的に理解するのが発達心理学の考え方である。

(2) 遺伝と環境

　人は全体として見れば，誰もが同じような経過をたどって発達していく。しかしそれでも，1人ひとり，実に個性的に育ってゆく。それはなぜなのだろうか。
　発達のしくみについては，もっぱら遺伝によるとする説，環境によるとする説などさまざまな考え方があった。現在では，発達は生物学的に受け継がれた性質である遺伝と，その人をとりまく人々，物，社会，文化などの環境との，複雑な相互作用によってもたらされるという考えが共有されるようになってきた。

(3) 有能な存在としての子ども

　今から30年くらい前までは，生まれたばかりの赤ちゃんは目も耳も，何も見分けたり聞き分けたりできない，たいへん無力な存在であると考えられていた。しかし，1970年ころから赤ちゃん研究が飛躍的に発展し，胎児や新生児はそれまで考えられていたよりずっと高度な能力をもっていることが明らかとなった[1]。たとえば，生まれて1週間しかたっていない新生児に，無地の円や新聞の活字，弓矢の標的，人の顔などの図形を見せると，単純な無地の円の図形よりも新聞の活字や標的などの複雑な図形のほうを好んでよく見，特に人の顔を長く見つめる[2]。また，母親とそうでない女性の声を聞き分けたり[3]，母国語と外国語を聞き分けることもできる。赤ちゃんは，私たちが考えているよりもずっと早くから，いろいろな情報を区別して，外界から取り入れているのである。

（4）発達の区分と呼び名

　発達心理学では，人間の一生を若い順に，胎児期，新生児期，乳児期，幼児期，児童期，青年期（思春期），成人期（中年期，老年期）に区分している。

　胎児期においては，受精卵が子宮内に着床するまでを卵体，8週までを胎芽，出生までを胎児と呼ぶ。出生後は4週までが新生児で，以後は乳児である。乳児と幼児の境についてはさまざまな考え方があって一定していないが，ことばによるコミュニケーションが可能となる1歳半もしくは2歳くらいまでを乳児と呼ぶことが多い。乳児は英語でinfantと言うが，その語源はラテン語の「話せないもの」という意味のことばである。ただし保育所では，0，1，2歳児クラスの子ども

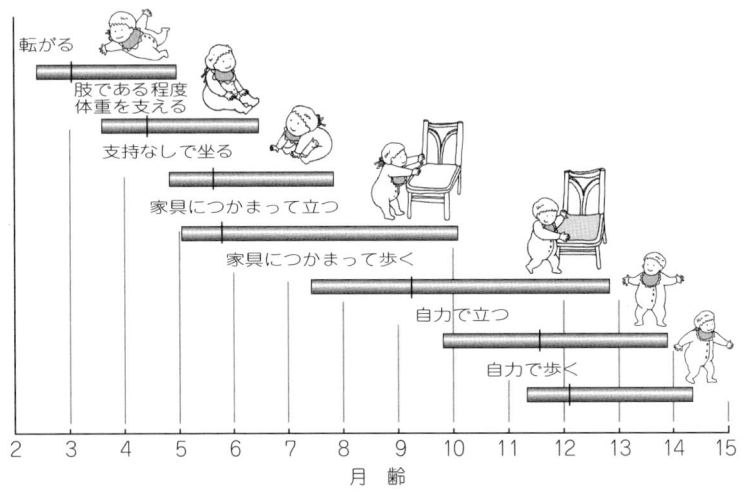

　発達は段階を追って規則的に進むが，それぞれの段階に達する月齢は乳児によって早い遅いがある。図の棒グラフの左端は，その月齢で乳児のおよそ25％がその段階の運動ができるようになることを示し，右端は90％ができるようになることを示している。棒グラフと交差している細い縦の線は，50％ができるようになる時期を示している。

図1-2　全身運動の発達とその個人差
(frankenburg & Dodds (1967). 村田孝次 (1990)『改訂版 児童心理学入門』培風館)

をすべて乳児と呼んでいる。

　小学校への入学を境にして児童期がはじまる。小学校入学という人為的な行事を区切りにするのはおかしく感じられるかもしれないが，「学校教育」は，子どもの発達に非常に大きな影響を与えるからである。青年期（思春期）は，声変わりや男子の射精能力の獲得，女子の乳房の発達など，第二次性徴があらわれる時期で，中学生後半から高校生，大学生前半くらいの年代の時期である。成人期はそれ以降を指し，仕事をもつこと，家庭をつくり子どもを養育することなどが中心的な関心となる。また近年ライフサイクルの変化により，子どもが巣立ってからの期間，退職してからの期間が長くなっており，その時期の過ごし方を考えることも重要である。

　発達心理学はこのように，人生の全体を対象とするが，本書では，主に胎児期から幼児期までの子どもの発達について学んでいくことにする。

(5) 胎児期・乳児期の身体と運動機能の発達

　受精卵の大きさはおよそ0.1mmで，母親の胎内で約38週を過ごし，およそ身長50cm，体重3000gくらいで生まれる。その後1歳くらいまでにおよそ身長75cm，体重9000gまでになる。

（1歳0ヵ月，女児）机につかまって，つかまり立ちが上手にできるよ。

　運動発達（図1-2）はいくつかの基本原理にしたがって進む[4]。①頭部から尾部の方向へ。首がすわり，頭を動かすことができるようになり，お座り，ハイハイ，つかまり立ちを経て最後に歩くことができる。②身体の中心部から周辺部の方向へ。たとえば，手は，まず上腕部を動かすことができるようになり，次に前腕部，最後に手・指のコントロールができるようになる。③粗大運動から微細運動へ。身体全体や四肢を動かすおおまかな動きから，しだいに細やかに手や指を動かすことができるようになる。

【参考書】

マウラ, D・マウラ, C／吉田利子（訳）(1992)『赤ちゃんには世界がどう見えるか』草思社

無藤隆 (1994)『赤ちゃんからみた世界』講談社

矢野喜夫・矢野のり子 (1986)『子どもの自然誌』ミネルヴァ書房

無藤隆・やまだようこ（責任編集）(1995)『講座生涯発達心理学第1巻　生涯発達心理学とは何か——理論と方法』金子書房

【参考ビデオ】

家森百合子・鈴木順子・弓削マリ子 (2001, 2002)「赤ちゃんの一年」(前後編) 医学映像教育センター

こぼれ話

障害をもつ子どもの親になること

子どもの誕生を控えた親の多くは「五体満足で生まれてきてほしい」と願っています。それだけに、生まれた子になんらかの障害があることがわかったときに受ける衝撃というのは計り知れません。子どもの障害をどのように受容していくのかについては、障害の種類や、障害が明らかとなった年齢によっても異なりますが、はじめ多くの親は大変なショックを受けます。そして、障害を何かの間違いではないかと否認したり、何人もの医者にかかったりします。障害が逃れられない事実であることがわかると、「この先やっていけるのだろうか」と将来を不安に思ったり、「なぜ私たちが？」という怒りが沸いてくることもあります。それらの段階を経て、あるがままの子どもを受容する段階に至るのです。

あるがままの子どもを受け入れ、子育てをするなかで、多くの親は「視野が広がった」「精神的に強くなった」など、親としての成長を感じるようになります。しかし、親が子どもの障害を受容して、親としての成長を感じられるようになるのには、周りの理解や支援が欠かせません。夫や親戚から、子どもの障害は母親のせいだと決めつけられたり、公園に行っても他の親たちに子どものことを理解してもらえず、外出をためらいがちになってしまうのは、子どもにも親自身にもよい状況であるとはいえません。家族にとどまらず、社会全体の理解・支援が必要なのだと思います。

〔菅野幸恵〕

2 • 発達の原理

エピソード2　お母さんへのプレゼント

　ユウくん（2歳5ヵ月）は，おむつをとるためのトイレットトレーニングの真最中です。タイミングよく成功するときもありますが，もちろんまだまだ失敗することもあります。でも，お母さんは成功失敗とは関係ないことで頭を悩ませています。それは，ユウくんが自分のおしっこやうんちなどの排泄物に，すごく関心をもっていることです。特に，うんちが成功したときに，「まだ，流さないで」とお願いして，便座に肘をつき，うっとりと眺めます。そして，「ママ，今日はバナナが1つと，えんぴつが2つだったね」とお母さんに説明してくれます。こんなときお母さんは，「どんなふうに応えたらいいものやら」と，苦笑いです。

　排泄物への関心なんてちょっと驚くかもしれませんが，子どもの心の発達という点からみると，とても貴重なエピソードです。乳幼児期の心の発達には，いくつかの発達段階があります。なかでも2歳から3歳ころは，トイレットトレーニングを通して，自分で自分をコントロールできることへの自信を育む大切な時期です。つまり，「自分はできるんだ！」「やれるんだ！」という自信をもてるようになるのです。そして，もうひとつ，とても大切なことは，その自信は，人を信頼することから生まれるということです。この時期の子どもは，自分に自信をもつといっても何にたいしてどうもったらいいのかわかりません。だから，お母さんを信じて，お母さんがほめてくれること，喜ぶことをたよりに自分への自信を育てていくのです。

　ユウくんが自分の排泄物に関心をもち，それを解説したりしたのは，自分への自信のあらわれであったと同時に，お母さんへの信頼のあらわれだったともいえるわけです。

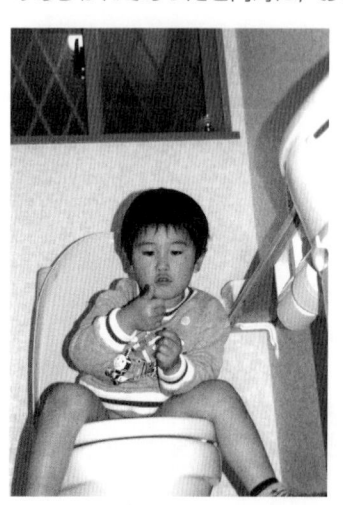

ユウくんは，自分で自分をコントロールしてうんちが「上手にできた！」のです。ユウくんはお母さんにほめられたい気持ちでいっぱいです。だからこそ，ユウくんは，自分の分身（？）ともいえるうんちを，真正面から見つめることができます。うんちは，人に見せびらかすものではないことは2歳5ヵ月ともなればわかっているはずですが，それを堂々とお母さんには見せることができます。お母さんに今日の成果（？）を報告しているのです。このことを，「プレゼントとしての大便」といいます。成長の証しなのです。でも，お母さんはやっぱり苦笑いです。

エピソード3　もうすぐ1年生

　上の娘のハルナが，4月，とうとう小学生になります。祖父母からピッカピカのランドセルを贈ってもらったり，新しい鉛筆やふでばこを買いそろえたりするにつけ，ハルナのなかで，「小学生になるんだ！」という気持ちが高まってくるのが，手に取るようにわかります。新しいランドセルをしょっては，鏡の前で何度も自分の姿を確認しています。この前の休みの日には，鉛筆削りで新しい鉛筆を削ったのですが，1本1本丁寧に，鉛筆の芯がピンピンになるまで削り，そのピンピンになった芯をじっと眺めて，「ハルナ，お勉強したくなっちゃった」なんて言っていました。

　有名なエリクソンという学者は，幼児期後期の子どもを「私はかくありたいと想像する存在」であると言っています。今のハルナにぴったりの表現です。今までの「保育園のワタシ」から「小学生のワタシ」へと，変化しようとしているのです。でもこの変化は，子どもにとっては楽しくうれしいことばかりではないようです。数日前の就寝時，部屋の電気を消した後，ハルナがつぶやくのです。「小学校って，はじめは，なんでもぜんぶ，先生が教えてくれるんでしょ。はじめは，わからないことあっても，先生がちゃんと教えてくれるんでしょ。」と……。一言一言，自分自身に言い聞かせるような口ぶりに，ハルナの実は不安な気持ちがにじみ出ていて，なんだか，私まで胸がキュンとなるのを感じてしまいました。そして同時に，最近，ハルナを叱るとき，「そんなことじゃ，小学生になれないよ！　小学生って，なんでも自分でやらなきゃ，いけないのよ！」なんて言っていたことを反省しました。

　この時期の子どもが，「かくありたい自分」を想像するようになったということは，逆にいえば，そのとおりに実行できないことや，もしかしたら思い描いたとおりにできないかもしれないということに，自分で気づくようになるということです。これは，子どもにとって大きなプレッシャーとなるはずです。私はそれを見落として，娘をまだまだ頼りないと感じてしまう私自身の焦りを，そのままことばにしてしまっていたのです。

　しばらくたって，寝室をのぞきに行くと，ハルナはぐっすりと眠っていました。この子の寝顔をじっくり見るのは久しぶりだなぁ……，そういえば，いつの間にこんなに大きくなったのだろう……などと，久しぶりに感慨深くなってしまったのでした。

解説

　1節でも指摘したように，かつては，人間は赤ちゃん時代や子ども時代に「大人」という完成体に向けて発達し，その後は衰退していく一方だと考えられていた。しかし新しい心理学では，人間は，大人になっても，高齢者になっても発達するということが理解されるようになった。しかし，本書の扱う範囲を考え，ここでは，主に乳幼児期の発達の理解に貢献した重要な心理学の理論——フロイト，エリクソン，ピアジェ，ヴィゴツキーの理論を紹介しよう。

(1) フロイトの理論

　フロイトは，子どもも大人も，人間の心の根底には，性への衝動（性欲）があると指摘した。子どもの性欲という言い方には抵抗を感じるかもしれないが，フロイトのいう性欲は，身体のさまざまな部分への刺激によって快感を得ようとする活動全般を意味している。たとえば，乳児がおっぱいを吸うときにはくちびるで快感を感じる。うんちをするときに肛門で快感を感じる。これらは皆基本的には性的な快感であると，フロイトは見なしたのである[5]。

　しかし性欲は，単なる快感の追求に終わらずに，他の人を求めることにつながるとフロイトは考えた。食欲や排泄それ自体は生理的な活動で，他者と関係なくおこる欲求である。しかし，乳児がおっぱいを吸う活動には，乳房やほ乳瓶を与えてくれる母親（対象）との関係が含まれている。すなわち，おっぱいを吸うという活動によって，くちびるの快感が得られると同時に，母親（の乳房）との関係性が生み出されるのである。

　フロイトは，性的快感の起源は，この乳児がおっぱいを吸うときの快感であると見なした。その後，性的快感を得る身体部位は，くちびる（口唇期）から肛門（肛門期）へと移り，やがて性器（性器期）に至る（表1-1）。この性的快感を得る身体部位の変化に伴って，発達が生じる。成長にしたがって快感を感じる身体部位が変化し，それにつれて子どもの心理状態も変化し，さらに他者との関係の持ち方も変化していくのである。ただし，ある発達段階での性欲がうまく満足さ

表1-1 フロイトの発達段階
（牛島定信（2000）『現代精神分析学』放送大学教材を参考に作成）

発達段階	時期	特徴
口唇期	誕生から1歳6ヶ月頃	乳児は反射によっておっぱいを吸うことができる。おっぱいを吸うことは、飢えを満たすとともに、唇や舌で乳房を吸う感覚を楽しみ、お乳を味覚と嗅覚でも楽しみ、そして満足して寝るという体験である。こうした体験から、乳児は自分の欲求を満足させてくれる存在を感じ、基本的信頼感を獲得していく。一方、ときには欲求不満を感じるため、その不満を和らげる手段として指しゃぶりを行う。欲求不満が生じることで、乳児は自分の願望どおりに世界が動かないことを知る。それは自分とは違う他者の存在に気づくことでもある。
肛門期	1歳過ぎから3歳頃まで	肛門や尿道の感覚が発達する時期。この時期は子どもが意志（「いやだ！」）を表現し始める。それゆえ、自分の好きなときに排泄したい要求と、排泄のしつけ（トイレット・トレーニング）をしようとする親の要求とのぶつかり合いが起きる。子どもは親の要求どおりにして喜ばせようとする一方で、親に逆らおうとするという相反する気持ちを抱く。矛盾した気持ちが同時に存在する心理を両価性という。
男根期	3歳から4歳頃	性器の刺激による快感を発見する時期。この時期は男女間の性器の違いや出産、性行為に興味を持って親に色々尋ねたりする時期である。また、男女の性器の違いから、男女の性別を意識するようになる。しかし、性的な事柄に関する質問は親からあまりいい顔をされないため、子どもは不安を感じる。
エディプス期	3歳から5歳頃	異性への性欲が意識されるようになるが、性欲の主な対象は異性の親である。そして、同性の親の存在が邪魔者に感じられるようにもなる。その結果、子どもは心の中での両親との三角関係に悩む。このときの複雑な感情をエディプス・コンプレックスという。しかし、異性の親への性的願望の実現は通常不可能なので、異性の親への性的願望をあきらめて抑圧する。そして、同性の親に同一視(注)していく。男児は父親のように男らしく、女児は母親のように女らしくなろうとする。こうして、この時期子どもは同性の親と異性の親の双方を取り込んだ三角関係を作ることで、社会生活において、さまざまな役割を理解したり関係を作ったりする準備をしていく。
潜伏期	6歳から10歳頃まで	この時期は、エディプス期が子どもの断念で終わることから性欲が抑圧される。子どもの関心は外界に向かい、知識の探求や仲間関係の形成に費やされる。
性器期	思春期以降	第二次性徴の発現とともに、幼児期にはばらばらであった性的活動が性器を中心としたものに統合される。このことは、相手をひとりのまとまった人間として感じ取れるようになることにつながる。こうして、相互に責任を持った交際が可能になり、次世代を育てる準備が整う。

注 同一視とは、親の態度や規範を自分の中に取り込むこと。

れないと前の段階に戻ってしまうことがあり，これを**退行**という。たとえばエディプス期（表1-1）に至った子どもが父母との葛藤などに耐えられず，肛門期に退行しておねしょをしたりすることがある[6]。

(2) エリクソンの理論

フロイトは人間の性的な欲望の変化という観点から発達をとらえたが，**エリクソン**は，もっと広く，まわりの人々や社会との関係のなかで，人間のパーソナリティ（人格）がどのように成長していくか，という観点から発達を考えた。そして，パーソナリティの発達は，**ライフサイクル**（人生周期）という周期をたどると述べた。ライフサイクルというのはもともと生物学の用語で，生物が受精から細胞分裂を経て誕生し，一定の規則正しい段階をたどって死に至る過程を指している。エリクソンは，人間のパーソナリティの発達も同様に，新生児から死にいたるまで，一定の規則的段階にしたがうと考えて，それをライフサイクルと名づけたのである。

エリクソンによると，ライフサイクルには8つの発達段階があり，各段階には，その時期に固有の**発達課題**がある（表1-2）。その時期の発達課題を解決することで，次の発達段階へと進んでいくことができる。たとえば乳児期の発達課題は，おっぱいが欲しいとき，それに母親が応えてくれる経験を通して，自分をとりまく環境に基本的な信頼感を抱くことである。この基本的な信頼感をもつことができると，次の幼児期の発達課題である自律性や自発性（「自分でやってみよう」という思い）へとつながっていく。

それぞれの発達段階では，危機も生じる（エリクソンは，**心理社会的危機**と名づけた）。たとえば，乳児期の危機は不信である。乳児がおっぱいを求めても，いつもすぐに与えられるとは限らない。そのようなとき，乳児は自分をとりまく環境に，不信を抱くことになる。

しかし，たとえときどき不信があったとしても，基本的には母親（あるいは，まわりの世界）は信頼できるものだ，ということを乳児が学ぶことができれば，発達課題は解決へと向かっていく。このように発達課題は，プラスの側面とマイナスの側面とが絡み合いながら展

表1-2 エリクソンの発達段階

(ニューマン, B. M., ・ニューマン, P. R. ／福富護（訳）(1988)『生涯発達心理学——エリクソンによる人間の一生とその可能性』川島書店を参考に作成)

発達段階	心理社会的危機	重要な対人関係	特徴
第1段階 (乳児前期) 0～1歳	基本的信頼 対 基本的不信	母親やその代わりとなる人物	基本的信頼とは、子どもが自分が困ったときには母親が必ず助けてくれるだろうという信頼感を獲得すること。不信とは信頼できないことへの不安を予期することである。
第2段階 (乳児後期) 1～3歳	自律性 対 恥，疑惑	両親	自律性とは、意志の力で自己を統制すること。一方で、自分の意志を通そうとすると、親の意思（しつけ）とぶつかる。このしつけが過度に行なわれると子どもは恥や自己疑惑を感じる。
第3段階 (幼児期) 3～6歳	自主性(自発性) 対 罪悪感	基本的家族	自主性とは、自分で活動を開始し、目的を持つこと。しかし、積極的に動くことは、同じような他者の積極的な動きと衝突し競争になる。このとき衝突しすぎると罪悪感を感じる。
第4段階 (学童期) 6～12歳	勤勉性 対 劣等感	近隣社会や学校	勤勉性とは、身体的、社会的、知的技能における能力を培い、学ぶ喜びをもって、困難な仕事に取り組み問題を解決していくこと。一方、能力において自分に失望すると劣等感を感じる。
第5段階 (青年期)	同一性 対 同一性の混乱	仲間集団と外集団 リーダーシップのモデル	同一性とは、自分とは何者かという問いに歴史的、社会的な定義を与えていくこと。自分の過去との連続性を断とうとすると自己意識が曖昧になる。また、他者との心理的距離のとり方に困難さを感じることでも同一性が混乱する。
第6段階 (成人前期)	親密性 対 孤立	友情,性愛,競争,協力の関係におけるパートナー	親密性とは、他者と性的、もしくは心的に親密な関係になること。親密な関係になるほど、自己が失われるような感じがするが、それでもそういった経験に身を投じて関係を作ること。一方、そのような経験を回避しようとすると孤独感を感じる。
第7段階 (成人後期)	生成継承性 対 停滞性	役割を分担する労働と家庭内での役割分担	生成継承性は、次世代を育て、世話するという仕事を遂行すること。一方、次世代や社会と関わりのないところで自己満足のための行動は停滞や退廃を生んでいく。
第8段階 (老年期)	統合 対 絶望	人類	統合とは、自分の唯一の人生を、あるべき人生だったとして受け入れていくこと。それは、自分の残すものを引き継ぐ次世代を深く信頼することでもある。一方、自己の人生が受け入れられないと、死への恐怖や絶望を感じる。

開していくとエリクソンはとらえた[7]。

(3) ピアジェの理論

　　ピアジェは，主として論理や数の理解など，知的な側面（認知）の発達に焦点を合わせて研究し，心理学に大きな影響を与えた。彼の発達理論は**発生的認識論**と呼ばれる[8]。彼は，新しい知識が獲得されるときには，すでにもっている知識に単にプラスされるのではなく，それを認識する枠組み（構造）を介して取り入れられるのであり，同時に，新しい知識は認識の全体構造に影響を与え，それを変化させると考えた。つまり認知的な発達は，全体としての認知の構造の再構成なのであり，そういう再構成が繰り返されることが認知の発達のしくみであるととらえた。そして，認知の発達には一定の順序性があることを発見し，それを**発達段階**に整理した[9]。各発達段階の内容については第5章で説明するので，ここでは，どのようにして段階の移行がおこるのか，つまり，子どもの認知が発達するしくみについての，ピアジェの考えの要点を述べておこう。

　　ピアジェによれば，認知の再構成が行なわれるのは，**同化**と**調節**という環境との相互作用があるからである。同化というのは，人が環境から情報を取り入れるとき，すでにもっている認知的な枠組み（シェマという）に合うようなかたちに変えて取り入れることをいう。調節とは，環境に合わせて，認知的枠組みのほうを変化させることである。

　　育児グループの遠足で牧場へ行ったときのこと。はじめて牛を見てびっくりしたサキちゃん（2歳半）は，牛を指して「おっきいワンワン！」と言った。アヒルを見たときには，「ちっちゃいワンワン！」とも言っていた。サキちゃんは，ウシやアヒルという枠組みをまだもっていなかったので，すでにもっている「ワンワン」という枠組みに環境のほうを同化させて，とりあえずワンワンとして取り込んだのである。しかし，ウシには角があるし，アヒルは2本足で歩く。ウシもアヒルも，ワンワンとは鳴かない。既存の枠組みの限界である。そこで，新たに「ウシ」や「アヒル」という枠組みを作ることになる。環境に合わせた認知の調節である。このようにして，人は同化と調節を

繰り返しながら認知的な枠組みを構成し直し，発達してゆくのである。

(4) ヴィゴツキーの理論

　発達を考えるときに，大人からの援助がたいへん重要だということを指摘したのがヴィゴツキーである。このことを最もよく示しているのが，彼の，**発達の最近接領域**という考えである[10]。

　子どもが問題を解くとき，子どもひとりで解くことのできる水準と，大人の援助を得て解くことのできる水準には差がある。子どもひとりでは解くことのできない問題も，大人の援助があれば解けることがある。この水準の差を，ヴィゴツキーは発達の最近接領域と呼んだ。子どもは，発達の最近接領域で大人に導かれる経験を通して，次の水準へと自分の認識を発達させるのである。

　またヴィゴツキーは，思考とことば（特に話しことば）の関係にも着目した[11]。たとえば，3，4歳くらいの子どもがジャングルジムの高いところにこわごわ登るとき，自分に「がんばれ，タッくん！　がんばれ，タッくん！」とつぶやきながら，恐い気持ちを振り切ろうとすることがある。大人から「がんばれ，タッくん」と言われた経験を思い出して，それをことばに出し，自分の行動をコントロールしようとしているのである。子どもは，いろいろな状況で，大人に言われたことばを反すうしながら，状況を判断したり価値づけたりする手助けとする。こうして子どもの外の世界のものであったことばが，子どもの心にしみこむように，しだいに内面化するのである。さらに，私たち大人が何かを考えるとき，頭のなかでことばを用いていることからわかるように，内面化したことばが，思考するときの助けとなるのである [☞ピアジェの発達理論2　自己中心性]。

p.138

【参考書】
宮原和子・宮原英種（1996）『乳幼児心理学を愉しむ』ナカニシヤ出版
村井潤一（編）（1986）『発達の理論をきずく』別冊発達4　ミネルヴァ書房

3・子どもの居場所

エピソード4 「このパジャマがいいの」

　ユミちゃん（3歳）の家にうかがったときのことです。玄関が開くと，いつものようにユミちゃんとお母さんが出迎えてくれました。ところがユミちゃんは，クリーム色のパジャマを着ています。私はお昼寝をしていたのか，それとも具合が悪いのかと思い，お母さんに尋ねました。するとお母さんは苦笑いをしながら，「違うんです。最近この子，うちではこのパジャマしか着ないんです」と答えてくれました。お母さんによると，最近のユミちゃんは寝るときはもちろん，起きてきた後も，そのパジャマのままで過ごすのだそうです。お母さんがいくら着替えさせようと諭しても頑として聞かず，さすがに外に出かけるときは普通の洋服に着替えるのですが，帰ってくるとまたそのパジャマに着替えてしまうのです。そんな状態ではなかなか洗濯もできません。さすがに見かねたお母さんが洗濯をすると（それにも相当な説得がいるそうですが），何度も「もう乾いた？」と聞くそうです。なにがなんでもそのパジャマがいいようなのです。

　ユミちゃんのようにいつも同じパジャマにこだわるのは実はめずらしいのですが，寝るときにタオルを手離せなかったり，同じ毛布やタオルケットでないと寝られないという子どもはたくさんいます。何がそうさせるのでしょうか。

　ユミちゃんはこの4月から幼稚園に通うことが決まっています。パジャマに対するこだわりがはじまったのは，幼稚園の話が出たころからでした。今までほぼ24時間お母さんと一緒にいた生活から，1日のうち何時間かはお母さんから離れた世界で暮らすことになります。今までお母さんたちの力を借りてコントロールしていた自分の行動を，幼稚園に行ってからは，ある程度自分自身でコントロールできるようにならなければなりません。自分の行動を自分自身でコントロールできるようになることを心理学では自律といいますが，ユミちゃんはまさに今お母さんから，自律していくプロセスのなかにいるのです。そんなとき子どもは，身近な毛布やぬいぐるみを，常に自分のそばにおいておこうとします。

　身近なものを自分のそばにおいておこうとする現象は1歳前後からみられるようになります。それは子どもがいろいろなことが1人でできるようになる時期と重なります。ご飯を食べること，トイレに行くこと，着替えることなどが，1人でできるようになってくるのです（もちろんこれらすべてが，1歳前後にいっぺんにできるようになるのではありません）。それに伴い，子どもは心理的にもお母さんにどっぷり依存している段階から，自律していこうとしますが，そんなとき，身近な毛布やぬいぐるみ（ユミちゃんの場合はパジャマでした）の助けを借りるのです。ユミちゃんも，このような移行の過程で，新しい環境への心の準備をしているのです。

解説

(1) 子どもの居場所

　子どもはいろいろな**居場所**のなかで，さまざまな活動を体験していく。子どもが一日に体験する活動のなかには，実にたくさんの環境との相互作用が含まれている[12]。本書でとりあげる6歳くらいまでの子どもが出会う主な居場所としては，家庭，保育所・幼稚園，公園，児童館，保育所以外の児童福祉施設などがある。このようないろいろな場所で，子どもはさまざまな人々に出会い，交流が生まれる。

① 家庭

　子どもにとって家庭とは，はじめての人間関係を経験する場である。そこには，両親，きょうだい，祖父母などがいて，その交流の経験が，その後の人間関係に生かされる。しかし，はじめての人間関係を必ず家庭で経験しなければ，人格に歪みが生じたり，知的に遅れたり，不幸になるということではないし，逆に，家庭で育っても，虐待する親の例のように，温かい人間関係がなければ，発達にひずみが生じることがある。

② 家庭以外の子どもの居場所

　家庭以外の，保育所・幼稚園，公園，児童館，育児サークルなどでの経験も，子どもの発達にとって重要である。特に少子化が進む現在では，これらの場所は，家庭では経験できない多彩な体験をする機会である。

　保育所・幼稚園では，担任教師（保育士）などの大人と，園児仲間に出会う［☞子どもの居場所——保育所と幼稚園］。保育所・幼稚園は家庭を離れてはじめての集団生活を送る場所であり，家庭環境から園の環境に移行するのにはさまざまな心理的変化が伴う［☞環境移行］。　p.22　p.26
保育所と幼稚園については，次の節で改めてとりあげる。

　近年"公園デビュー"[13]ということばを耳にするが，小家族化，少子化が進む現在，公園は，就園前の子どもたちにとって，同年齢や異年齢の子ども，親以外の大人に出会うことのできる貴重な場となって

表1-3 未就園児の居場所の特徴

	児童館 (保育所・幼稚園の園庭開放)	公園	育児サークル
メンバー	流動的(固定していない)	流動的(一部は仲良しグループとして固定していくこともある)	固定的
参加(利用)の度合い	不定期	不定期だが頻度は高い	定期的
専門家の有無	保育士やそれに準ずるもの	いない	いないことが多い

いる。児童館は，最近就園前の子どもと親にも開放されており，ここでも公園と同様に，同年齢や異年齢の子どもに出会うことができる。また，同じような出会いの場として各地で育児サークルが開かれていて，それも子どもたちにとって重要な居場所である。

　表1-3に，未就園児の主な居場所とそれぞれの特徴をまとめた。児童館や公園は，育児サークルほどメンバーが固定されていない。またこれらの居場所はいずれも，保護者と同伴で過ごす場所であるという意味で，保育所や幼稚園とはたいへん異なっている。

　児童養護施設や知的障害児施設などの児童福祉施設には，両親がいなかったり，何らかの理由で親元から離れて暮らしている子どもや，心身上の問題に対応するために通園している子どもたちがおり，子どもたちの発達の場として重要である。

(2) 居場所の広がり

　子どもの居場所は，発達とともに広がっていく。はじめは家庭内だけで過ごしているが，親に連れられて公園や，保育所・幼稚園に行くようになり，やがては自分ひとりで小学校に行くようになる [☞環境移行]。ブロンフェンブレンナー[14]によると，人間をとりまく環境は，いくつもの「入れ子」になった生態学的なシステムになっている（生態学というのは，動物や人間の行動や生活を，環境との関係から研究

p.26

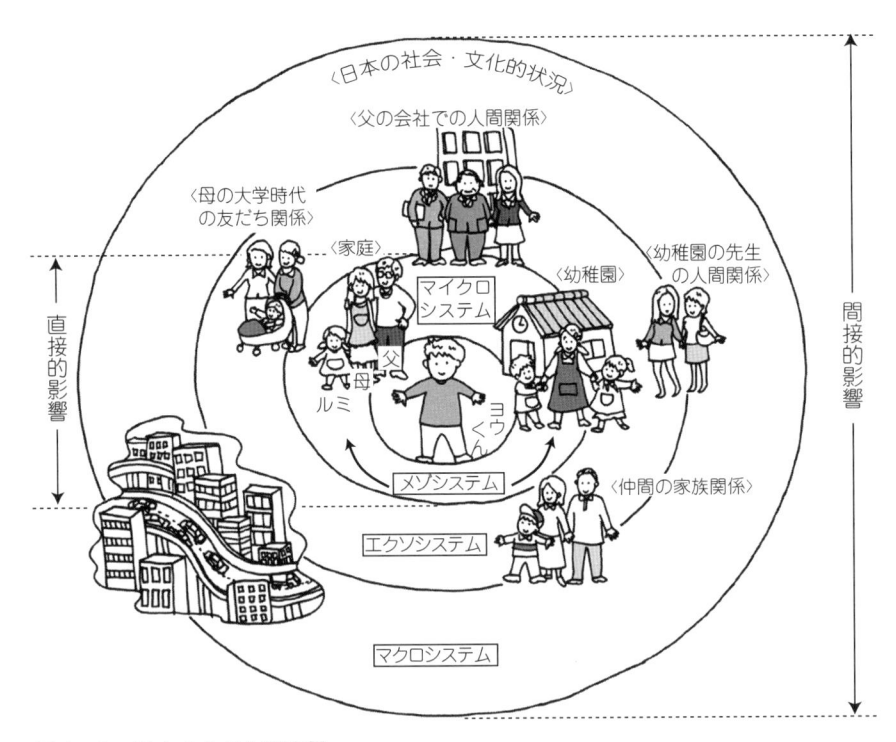

図1-3 ヨウくんの生活世界

する学問である)。

　ヨウくんの例で，考えてみよう。ヨウくんはカトウさんの家の長男で，会社員の父と専業主婦の母，2歳年下の妹ルミちゃんと，東京近郊の典型的なベッドタウンで暮らしている。ヨウくんは現在5歳で，S幼稚園に通っている。ヨウくんの生活（そして発達）に直接影響を与えるのは，彼をとりまく人間関係，つまり家庭での両親や妹との関係と，幼稚園での担任教諭や友だちとの関係である（マイクロ（＝微小）システム）。そしてそれぞれの人間関係は，互いに影響しあっている。たとえば夫婦関係は親子関係に影響するし，そのことが幼稚園での友だちとの関係にも影響する（メゾ（＝中間）システム）。また，父親の会社の人間関係や母親の友だち関係は，ヨウくんが直接参加するわけではないが，間接的に影響を与えている（エクソ（＝外部）システム）。さらに，日本の社会・文化・経済的状況（マクロ（＝巨大

公園には，いろんな子どもが集まり，自由に遊ぶ。　保育園の砂場。他児と遊具を交換し合ったり，協力して穴を掘ったりする。

システム）も，ヨウくんの発達にやはり間接的に影響している。さらにヨウくんの成長とともに，ヨウくんをとりまくこれらのシステムは増え，いっそう複雑なシステムのなかで暮らしていくこととなる。

【参考書】
内田伸子・南博文 責任編集（1995）『講座生涯発達心理学3 子ども時代を生きる──幼児から児童へ』金子書房

■こぼれ話

海外の保育

　カナダのプリ・スクール（就学前児が通う保育機関のひとつ）に見学に行ったときのことです。先生が赤りんごと青りんごを子どもたちに見せて、「この2つのりんごは、同じかな？　違うかな？」と聞きました。子どもたちは、口々に「違う！」と答えます。先生は、「この2つのりんごは、違って見えますね」と確認した後、ナイフを出し、それらのりんごを2つに切りました。りんごは、皮の色は違っていましたが、果肉の部分は同じような色をしています。先生は、2つのりんごの果肉の方を子どもたちに見せ、もう一度、「この2つのりんごは、同じかな？　違うかな？」と尋ねました。子どもたちは、今度は「同じ！」と答えました。先生は、2つのりんごの皮の方と果肉の方を交互に見せながら、「これらのりんごは、外から見ると違うけど、中は同じですね。人も、肌や髪、目の色は外から見ると違って見えるけど、ハート（心）は同じなのよ」と説明していました。

　これは、「多文化共生」や「異文化理解」を明確なねらいとした保育実践です。日本ではこれまで、異文化を受け入れることがあまり上手とはいえませんでした。しかし、保育現場・教育現場には、外国人の子どもや異文化環境で生活してきた子どもがたくさんいて、複雑な問題を抱えていることも少なくありません。異なる文化の人々が、互いを理解しあって、ともに仲良く暮らしていけることを願わずにはいられません。

〔岡本依子〕

4・子どもの居場所——保育所と幼稚園

エピソード5　心の嵐をのりこえて

　ノンちゃんは2歳2ヵ月になる女の子です。今月から保育園に通園することになりました。小さな身体にリュックをしょって、毎朝お母さんと一緒に自転車に乗って登園です。でも、お母さんとのお別れのときが、さぁたいへん。ノンちゃんはお母さんを追いかけて、全身全霊で「ママァー、ママァー」と泣き叫びます。そんな状態が1週間もすぎたころ、さすがにお母さんは、こんなに泣かせてまでノンちゃんを保育園に行かせることをためらいはじめました。

　さて、ノンちゃんは、お母さんとしばらくのあいだ離れるというつらい体験を、どのようにしてのりこえるのでしょうか。

　心理学に、表象ということばがあります。表象というのは、以前に見たものや体験したことを、今目の前になくても思い起こすイメージのことです。特に対人関係では、他者についてのイメージを対象表象、自分についてのイメージを自己表象といいます。

　子どもの表象の能力が発達して、お母さんのイメージ（像）を心のなかに思い起こすことができるようになることは、子どもの世界が広がるうえでたいへん重要です。なぜならば、子どもは、お母さんの表象をもてるようになれば、お母さんが実際そこにいなくてもお母さんを心のなかに思い起こし、心の支えとすることで、自信をもって広い世界に出て行くことができるようになるからです。

　ただし、この時期の子どもがお母さんの表象を思い浮かべる力は、まだまだ不安定です。ワロンという心理学者は、この時期の子どもが、心のなかに他者イメージをもちはじめたことを示すサインを発見しました。それは一人二役対話です。一人二役対話とは、遊びのなかで、子どもが過去に他者とやりとりした具体的な対話を自分1人で再現することをいいます。たとえばお別れシーンでは、「いってらっしゃい」「いってきます」と言う2人が必要です。しかし、一人二役対話では、あたかも2人が対話しているかのように、子どもが1人で演じるのです。こうして、まだ不安定な表象を、強めているのです。

　ノンちゃんは家でお人形さん遊びをしているときに、保育園でのお母さんとの朝のお別れシーンを、片手にシマウマ、片手にキリンのぬいぐるみを持って、「ママ、バイバイ」「ノンちゃん、いってらっしゃい、おむかえにくるよ」と幾度となく演じていました。一人二役対話を通してお別れシーンを再現することで、お母さんは、たとえ別れても必ず迎えに来てくれる人だということを確認していたのかもしれません。

　さて、ノンちゃんのその後ですが、お母さんとのお別れのときには、相変わらず泣いてしまうのですが、今では「ママ、バイバイね」と言って手を振れるようになりました。

解説

　子どもにとって最も身近な居場所は家庭であるが，家庭以外で，比較的長時間子どもが過ごす場となるのが保育所や幼稚園である。

(1) 保育所と幼稚園の違い

　保育所と**幼稚園**は，乳幼児期の子どもが通う主な集団保育施設である。今日，就学前に集団保育施設で集団保育を受ける幼児は，全国平均で，保育所が34.3％（保育所修了者数／小学校入学者数），幼稚園が60.6％（幼稚園修了者数／小学校入学者数）で，両方を合わせると95％近くにも達する。ただ，保育所や幼稚園を利用する割合は地域によって異なっている。たとえば，最も幼稚園を利用する割合が高いのは沖縄県である。一方，保育所を利用する割合が最も高いのは高知県である[15]。

　では，保育所と幼稚園にはどのような違いがあるのだろうか。両者の基本的な相違点を表1-4に示す。

① 保育所の特徴

　保育所は，社会福祉の立場から乳幼児を保育する施設である。したがって，乳児院・児童養護施設などと同じく，児童福祉法にもとづく児童福祉施設である。0歳児から小学校に入るまでの子どもが対象で，親が仕事をしている，あるいは病人や老人の介護などで子どもの養育が困難である場合に，入園が認められる。保育は，生活を基盤とした養護と教育とが一体となって展開されている。子どもにとっては第二の生活の場所といった感じである。なお，通称としては保育園が用いられる。

② 幼稚園の特徴

　幼稚園は，小学校，中学校，高等学校，大学等と同じく，学校教育法にもとづく学校である。幼児を保育し，適切な環境を与えて，その心身の発達を助長することを目的としている。満3歳以上の幼児を対象とし，通常は年少・年中・年長と学年単位にクラス編成され，1年

表 1-4　保育所と幼稚園の違い
(幼児保育研究会（編）(2003)『最新保育資料集2003』ミネルヴァ書房を参考にして作成)

	保育所	幼稚園
管轄	厚生労働省	文部科学省
法令	児童福祉法	学校教育法
性質	児童福祉法第39条による児童福祉施設	学校教育法第77条による就学前教育の学校
教育・保育内容の基準	保育所保育指針	幼稚園教育要領
保育者の免許	保育士資格証明書	幼稚園教諭普通免許状
保育の目的	日々保護者の委託を受けて、保育に欠けるその乳児又は幼児を保育すること	幼児を保育し、適当な環境を与えてその心身の発達を助長すること
対象児の年齢	0歳から就学前の乳幼児	満3歳から小学校就学前の幼児
1日の保育時間	8時間（原則）	4時間（標準）
年間の教育・保育日数	規定なし	39週以上

ないし3年の教育期間がある。

　このような制度上の違いがあるため、保育所と幼稚園では、サービスの内容にも一部違いがある。たとえば、保育所には調理室についての設置基準があるので、給食が提供されるが、幼稚園では園の方針によって自由に決められている。また、園バスといわれる送迎バスも、幼稚園では多くの園で実施しているが、保育所では実施していない園がほとんどである。

(2) 最近の動き

　両親の就労の増大や働き方の多様化など、時代の変化とともに、保育施設はいま大きく変わりつつある。たとえば保育所においては、延長保育、休日保育、一時（的）保育、障害児保育、病後児保育などが積極的に進められている。子育て相談を行っている保育所も多い。通所の負担を考えての駅前保育など、新しい試みも行われている。
　一方、少子化の問題や核家族化などにより、保育施設は、地域における子育て支援の場としての役割も担うようになってきている。たとえば幼稚園においては、預かり保育、園庭や園舎の開放、地域の幼児

教育センターとして専門性をいかした育児相談，未就園児の親子登園などが実施されている。

　このように保育所も幼稚園も，それぞれの特徴をいかしながら，地域における子育て情報の発信の場として，いっそう重要な役割を担うようになってきている。

【参考書】

森上史朗編（2001）『保育原理』新保育講座　ミネルヴァ書房
藤﨑眞知代・野田幸江・村田保太郎・中村美津子（1998）『保育のための発達心理学』
　新曜社

■こぼれ話

保育者の子育て

　幼稚園や保育所の先生をしていると，自分自身の子どもを育てることになったとき，まわりの人から「子どもの扱いは慣れているから，子育てはバッチリね」などと言われることが多いそうです。ところが，仕事として保育に関わったことがあっても，自身が親になり子育てを始めると，思いの外うまくいかず，子育てに強いストレスを感じてしまうことが少なからずあるのです。

　その背景としてまずいえることは，保育・子育て環境が違います。子育ては家庭内で営まれるので，子どもは集団ではありません。子どもは，子ども集団のなかにいるときと，ひとりでおとなを独占しているときとでは，異なった行動を示します。保育者の多くは，集団の子どもの扱いにしか慣れていないのです。「トイレに行って来て」とおとなが声をかけたときにも，集団の場合には，そのなかの誰かひとりがトイレに行くと，つられて他の子どももトイレに行くことがよくあります。しかし，家庭のなかで子どもが少ない状況では，そううまくはいきません。子どもが言うことをきかないと感じてしまうかもしれません。また，保育の場面では，つねに他の先生の目があります。他人の目にさらされていると，冷静さを保ちやすいのですが，日中，家庭のなかで子どもと二人きりになると，ちょっとのことでイライラしてしまいます。その意味で，保育者の経験があってもなくても，新米ママやパパは，いくつかの壁を越えて，子どもとともに成長していくのでしょう。

〔岡本依子〕

5・環境移行

エピソード6　もうすぐぶどう組

　ミチオくん（5歳）は，保育園のぶどう組に進級です。自分でもずいぶん進級することを意識しているようで，何かと「もうぶどう組さんだから」と言って自分の行動をコントロールしています。今までの自分とは違うお兄ちゃんになるんだという意識が出てきたようです。眠たくなるとついお母さんのおっぱいに手が伸びてしまうのですが，お母さんが「ぶどう組さんなんだよね」というと，あわてて手を引っ込めますし，つい甘えてしまったときも自分から，「ちょっと失敗しちゃった」といいます。お母さんに甘えることは「ぶどう組になる」「お兄ちゃんになる」自分のすることではないということを，ずいぶん意識しているように思われます。

　ミチオくんに限らず，新しい環境に直面している子どもはさまざまな反応を示します。ミチオくんはこれからやってくる新しい環境とそこにいる自分をとても肯定的にとらえていましたが，いざ実際に新しい環境に入ってみると，その環境になかなかなじめず，今までできたことが急にできなくなってしまったり，不安定になってしまう子どもたちもいます。幼稚園入園前の子どもをもつ家族を対象とした調査によると，子どもたちは入園当初の2，3週間のあいだに，食欲不振や胃痛などの身体症状があらわれたり，夜尿や指しゃぶりがおこったり，イライラしてきょうだいや友だちをぶつようになったり，お母さんに甘えたりなど，さまざまな反応を見せることがわかっています。しかし，それと同時に，成長や成熟を示すさまざまな行動が生じてくることもわかっています。たとえば，兄貴分的な振る舞いをしたり，1人で近所の友だちの家に遊びに行ったり，年長児の真似をしたり，洋服や容姿を気にするようになったりと，子どもたちは家族から離れて行動したり，新しいものへ関心を移していったりもします。

　新しい環境というのは，子どもにとって不安を引き起こすものであると同時に，新しい行動パターンを獲得する絶好の機会にもなっているのです。その機会をとらえて，大人は子どもがいっそう行動をコントロールできるよう，はたらきかけを強めることもありますし，ミチオくんのように，子ども自らが自分の行動をコントロールしようとすることもあります。ミチオくんは同じ時期，積極的に近所の赤ちゃんの世話をやいてみたり，お母さんのお手伝いをしてみたりと，お兄ちゃんらしい行動を生活のさまざまな面で見せていました。それも，「ぶどう組」になるための準備だったのかもしれません。

解説

(1) 環境移行とは

　人生には，いくつもの節目がある。入園，入学，卒園，卒業，就職，結婚，退職などのほかにも，災害や事故など，本人が予測していなかった節目もあるし，転居などもある。そのような人生の出来事や移動によって環境が変わることを，**環境移行**という[16]。

　環境移行は不安や混乱をもたらす危機的状況ともなるが，一方で，今までとは別の見方ができるようになったり，新たな行動様式を獲得したりというプラスの側面もある。

　子どもにとってほぼはじめての集団生活となる幼稚園や保育所（という生活環境）に入ることは，大きな環境の変化である。先生は親のように自分ひとりの世話をしてくれるのではないし，今まで会ったこともないような大勢の仲間にも出会う。また園には特定の生活パターンがあって，そこで過ごすための決まりもある。集団の一員として，つまり○○幼稚園の△△組さんのひとりとして，それにふさわしく振る舞うよう期待される[17]。そのような園での生活を通して，子どもは生活習慣，社会的ルール，友だちとの関係を調整する力，自分の気持ちをコントロールする力を自らのものにしていく。

(2) 環境移行の実際

　新しい環境への移行はどのように行なわれるのだろうか。4歳4ヵ月の女児の場合を見てみると[18]，幼稚園入園後2週間くらいまでのあいだに，教室や遊具など幼稚園の物理的な環境や，あいさつ，朝の準備など園での基本的な生活習慣になじんでいった。このように，物理的な環境や生活パターンの変化には比較的早く慣れることができたが，大勢の仲間との直接の関係や，仲間がいるなかでの先生との関係など，対人的な環境への適応は比較的時間がかかった。新しい環境においては，今まで家庭で通用してきたことが通用しない。とくに同年齢の子どもとの関係は大人との関係とは異なり［☞仲間関係］お互いの気もちがぶつかり合うことも多い［☞保育場面での仲間関係］。そう考える

p.56
p.60

と，対人関係面での変化に慣れるのには，すんなりといかないことも多いのだろう。

(3) 環境移行に伴う心理的変化

　新しい環境への移行は，子どもにどんな変化をもたらすのだろうか。幼稚園入園前後の子どもは，ストレスや緊張の高まりを示す行動をとる一方で，成長や成熟を示すような行動を示す[19]。ストレスや緊張を示す反応は，食欲がなくなったり疲労感を訴えるなどの身体反応や，夜尿や指しゃぶりなどが再開したり強まったりすることなどである。また，親への依存が増加したり，きょうだいや友だちに冷たく接してしまうなどの行動があらわれることもある。成長や成熟を示す反応は，新しい物や人への興味の増大，自己主張，友だちの家に遊びに行くなど，親から独立するような行動としてあらわれる。また，お兄ちゃん，お姉ちゃん的なものへのあこがれから，それを真似したり，それらしく振る舞うような行動や，友だちとも協調するなどの行動もみられる。

　入園・入学だけでなく，進級や家族が増えること [☞関係の移行] も環境移行のひとつであり，たとえば年中組，年長組に進級した子どもたちが，先生に「お兄ちゃん，お姉ちゃん扱い」をされることによって，それらしい振る舞いをするようになる[17]。単に環境が変わることだけで子どもたちに変化があらわれるのではなく，環境が変わることでまわりの扱いが変わり，そのことも子どもの変化に影響するだろう。

p.30

【参考書】
山本多喜司・ワップナー，S．（編著）（1991）『人生移行の発達心理学』北大路書房
結城恵（1998）『幼稚園で子どもはどう育つか』有信堂

💭こぼれ話

子育てするのはだれ？

「子育てで困ったとき，誰に助けを求めますか」と尋ねると，多くの母親はまず夫を挙げ，次に自分や夫の両親などの親類を挙げます。夫も子育ての当事者であると考えると，夫以外の家族のサポートは，子育てのなかでかなり重要です。精神的な支えはもちろん，子どもを迎えに行ったり，預かったりという実際（質）的な支えとなることが期待されているのです。

最近保育園や幼稚園の送り迎えだけではなく，着替えや食事の用意やしつけに関わることなど，子育てのかなりの部分を夫婦（両親）以外の家族（とくに祖母）が担っている家庭が増えているように思います。おばあさんたちが子育てをされていた頃とは，育児の道具も，考え方もずいぶん変わってきていますし，世代の違うお母さんたちの会話に入って，一緒に雑談するということも難しいかもしれません。しかし，異なる世代の人が子育てに関わることはとても重要なことなのではないでしょうか。

今の子育ては，子育て中の世代だけに限定され，それ以外の世代の人たちが子育てに参加する機会はあまりありません。一昔前の子育ては，結婚して子どもを産む前からきょうだいや近所の子どもの世話をしたり，自分の子育てが終わったら孫の世話をしたりと，子育てにいろんな世代の人が参加していました。おばあさんたちの子育て参加が，異世代が関わる子育てのきっかけになればと思っています。〔菅野幸恵〕

6 • 関係の移行

エピソード7　お姉ちゃんへの道?!

　4歳になろうとするころ、ハルナは「おねえちゃん」になりました。年齢もある程度離れていたので、弟の誕生をすぐに受け入れられたハルナは、「おねえちゃん気どり」で赤ちゃんのお世話をやきたがります。弟が泣くと誰より早く駆けつけ、「おかーさんっ、オッパイ、ほしいってー」と私を呼んでくれることもしばしば。私がすぐに赤ちゃんのところに行かないと、いてもたってもいられず、自分のTシャツをめくって、寝ている弟の顔におおいかぶさるのです。びっくりして、何をしているのか聞くと、「オッパイあげようと思ったの」と、泣きやまない赤ちゃんのそばで、目をうるませて言います。

　弟や妹が誕生して、お兄ちゃんやお姉ちゃんが、指しゃぶりなど赤ちゃんのような行動をはじめることがあります。これを赤ちゃんがえりといいます。どの程度赤ちゃんがえりをするかは、子どもによってさまざまですが、ハルナの場合のように、上の子と下の子の年齢がある程度離れていると、比較的赤ちゃんがえりが少ないようです。しかし、だからといって、上の子が大きければ心配がないというわけではありません。

　あるとき、ハルナが夜中にバタンバタンと寝返りをうってうなされ、弟の名前を叫んだことがありました。怒りに満ちた声でした。どんな夢を見たのでしょう。また、弟が生後半年ごろにはこんなこともありました。2人で仲良く遊んでいると思って、部屋をそっとのぞいたのです。すると、ハルナが弟をジリジリと押さえつけていたのです！　どのくらい押したら赤ちゃんがいやがるかな、泣くかな、と試しているようなイジワルな表情。「やめなさい」と止めに入りたいのを思いとどまり、まず少し離れて、「何して遊んでるのー？」と声をかけながら近づきました（子どもとはいえ、見られたくない姿があるでしょうから）。

　ダンという学者が行なった大規模な調査では、下の子誕生直後に下の子がやることを真似することの多かった上の子は、後に下の子に愛情ある行動をとることが多かったそうです。つまり、赤ちゃんがえりするのはきょうだいに対する興味があるからで、必ずしも悪いことばかりではないのです（親はたいへんですが）。ハルナの場合、年齢が高くなっていて、「私はもう赤ちゃんじゃない」という気持ちが強かったせいで、うまく赤ちゃんがえりができなかったようです。

　とはいえ、私と一緒にお風呂に入ったとき、そっと「オッパイ、のんでみたい」と言ってきたことがありまた。それは、弟が断乳をした後だったのですが……。もう出なくなったオッパイを吸って、照れくさそうな、それでも満足そうな表情を見せたハルナでした。

エピソード8　子どもが2人になったとき

　マユちゃんは4歳のお誕生日を迎えた直後，お姉ちゃんになりました。赤ちゃんが生まれるまでのあいだ，マユちゃんはお母さんのお腹を触ったり話しかけたりして，赤ちゃんの誕生をそれは楽しみにしている様子でした。しかし，実際に弟が生まれてみると，お母さんはマユちゃんの様子がおかしいことに気づきました。お母さんが弟（シュウくん）におっぱいをあげたり，おむつを替えたりしていると，マユちゃんはなんだかしょんぼりしているようなのです。マユちゃんは今まではお母さんを独占できたのですが，いまやお母さんはシュウくんにかかりっきりです。お母さんもマユちゃんとかかわりたいという気持ちをもちつつも，結局は手のかかるシュウくんの世話をすることになってしまうようでした。

　第2子の誕生は家族にとって喜ばしいことですが，それにより家族の関係は大きく変化します。第2子の誕生による第1子の行動の変化は心理学でもとりあげられてきましたが（赤ちゃんがえりなど），親の行動がどのように変化していくのかについてはあまり研究されてきませんでした。下の子が誕生すると，親は下の子の世話をする時間が増えます。しかし多くの場合，上の子にまったく手がかからないということはありませんから，当然親の負担は増えることになります。買い物に出かけたり，寝かしつけたり，食事をさせたりということも，1人のとき以上に手間がかかります。では子どもが2人いる状況で，お母さんはどんなふうに子どもと接しているのでしょうか。

　第2子が誕生した後，お母さんと子ども2人の場面で3人がどのように行動しているのかについて調べた研究[25]では，お母さんは第1子と第2子とで，違ったかかわり方をしていることがわかりました。第2子には抱っこやオモチャを見せるといった，ことば以外の行動でかかわっていますが，第1子に対してはことばによるかかわりを盛んに行なっていました。お母さんは常に2人の子どもについて何らかのかかわりをもっていなければなりません。しかし，第2子におっぱいをあげながら，第1子を抱っこするということはできません。そのようなとき，お母さんはことばで第1子にかかわろうとするのです。かかわり方を使い分けることによって，2人の子どもとの関係を維持しようとしているのです。

　マユちゃんのお母さんも，シュウくんにおっぱいをあげているあいだ，マユちゃんの方にも注意を向けて，マユちゃんに話しかけていました。シュウくんの誕生によって今までと同じようにマユちゃんにかかわることはできないけれども，また違うかかわり方でマユちゃんとの関係を維持しようとしているのです。

解 説

　この節では，お兄ちゃん・お姉ちゃんになる（3人家族から4人家族になる，あるいは，家族が1人あるいはそれ以上増える）など，家族内の関係の移行について述べる。

(1) 家族の変化

　子どもの居場所のなかでも，最も多くの時間を過ごし，おそらく最も重要なのは，家族だろう。子どもは，成長に伴って，幼稚園や保育所，あるいは友だちの家や公園へと，自分の居場所を広げていくが，それも，家族という居場所があればこそなのである。
　家族は，いつも変わらないようだけれども，いつしか変化する。家族の変化には，祖父母との同居や死別，次子の誕生，離婚，引越，親の就業や就業形態の変化など，家族の構成メンバーや生活スタイルの変化がある。特に，次子の誕生を経験する子どもは少なくない。それまで，家族のなかで何かにつけ優先されるたったひとりの子ども，あるいは，一番幼い子どもという役割［☞役割取得の発達］を担ってきた子どもも，その役割を新しいきょうだいに譲り渡さなくてはならない。そして，自分は，お兄ちゃん・お姉ちゃんとして，家族のなかの新しい自分の居場所を見つけ出さなくてはならない。子どもにとって，非常に複雑な感情を伴う移行の経験である。

p.70

(2) お兄ちゃん・お姉ちゃんになること

　家に赤ちゃんがやってくるのは，ほとんどの子どもにとってうれしいことである。赤ちゃんはかわいいし，お兄ちゃん・お姉ちゃんになることは，誇らしい。しかし，かわいいはずの赤ちゃんに，それまで独占してきた母親や父親の関心を多少とも奪われることになり，やきもちをやくこともある。お兄ちゃん・お姉ちゃんという責任の大きさに，ストレスを感じてしまうこともある。新しいきょうだいの誕生によって，夜眠れなくなったり，夢にうなされたりするようになる子どももいる。親にしがみついて離れなくなったり，親が赤ちゃんの世話

をしようすると邪魔をしたり，赤ちゃんを乱暴に扱ったりする子ども
もいる。

　このように，お兄ちゃん，お姉ちゃんになった子どもが，混乱した
感情を抱え，赤ちゃんを否定するような行動をとるのは，めずらしい
ことではない。特に，赤ちゃんの誕生に伴って，子どもが指しゃぶり
をはじめたり，おもらしやおねしょをしたり，また，ミルクを欲しが
りおむつをはきたがるといったような，赤ちゃんのような行動をする
子どもは多い。このような行動を，**赤ちゃんがえり**という。

(3) 赤ちゃんがえり

　お兄ちゃん・お姉ちゃんになった子どもが，どうして赤ちゃんがえ
りをするのだろうか。これまで赤ちゃんがえりは，現象がよく似てい
るために，精神分析学でいう**退行**［☞発達の原理］であると解釈され
てきた。たしかに，親の関心を奪われて自立を要求されるストレスか
ら退行を生じた結果，赤ちゃんがえりをしていると思われる子どもも
いる。しかし，赤ちゃんがえりは，必ずしもすべてが退行のせいでは
ない。つまり赤ちゃんがえりは，赤ちゃんの真似をすること［☞模倣］
によって生じていることが多く，それは子どもの，赤ちゃんへの関心
をあらわしてもいる。そして，赤ちゃんがえりを示した子どものその
後のきょうだい関係が，良好であることを示す研究もある[20]。赤ちゃ
んがえりだけでなく，次子の誕生による子どもの感情の混乱や赤ちゃ
んへの否定的行動も，数ヵ月後には，赤ちゃんへの関心や愛情に変わ
っていることが多い。

p.8

p.160

🔁 エピソード再考——お兄ちゃん・お姉ちゃんになる年齢

　エピソード7「お姉ちゃんへの道?!」のハルナは，どうしてそれほど赤ち
ゃんがえりを示さなかったのだろうか。親から見て，決して赤ちゃんへの
関心が低いようには見えなかった。実は，赤ちゃんがえりは，お兄ちゃ
ん・お姉ちゃんになった子どもの言語発達の程度にも影響されるようであ
る[21]。ことばには，不快な情緒を調整するはたらき　［☞情緒の発達］があ

p.110

る[22]。つまり、ことばを用いて自分の考えや感情を伝えられる年齢の高い子どもは、赤ちゃんがえりを示すことが少なく、ことばで伝えられない低年齢の子どもほど、激しい赤ちゃんがえりを示すことがある。

また、赤ちゃんがえりを、退行ではなく模倣として解釈すると、言語発達の程度によって、模倣の対象（真似する相手）の選びやすさが変わってくることも理解できるのではないだろうか。つまり、ことばで伝えられない年齢の子どもたちは、同じようにおしゃべりができない赤ちゃんを模倣対象としやすく、ことばが操れる子どもたちは、同じように話すことができる母親を模倣の対象としやすい。

赤ちゃんの模倣をして赤ちゃんがえりを示す子どもたちに対して、多くの親がそれをある程度受け入れているようである。ミルクを飲ませてもらったり、おむつをはかせてもらったりすることで、赤ちゃんの感覚を思う存分味わう一方、ミルクはおいしくないし、おむつは窮屈なことを知る。

また、母親の模倣をして、赤ちゃんがえりをあまりしない子どもたちは、母親と同じように赤ちゃんの世話をしようとがんばる。ところが、母親のようにはうまく世話できないことが多く、挫折感を味わうこともある。子どもたちは、お母さんの真似も、赤ちゃんの真似もうまくできないことが、実際にやってみることでよくわかる。そうやって、お兄ちゃん・お姉ちゃんという、家族のなかの新しい居場所を自分で作り上げるのではないだろうか。

💡 もう少し深く学びたい人のために——第2子誕生時の親の行動

ここでは、第2子の誕生による親の行動の変化について見てみよう。

第2子誕生後新たな家族システムが安定するのには、約2年の歳月が必要である。親は、今まで1人の子どもに注いでいた注意を2人の子どもの分散させなければならない。実際に子どもが2人以上いる場合、子ども1人にかかわれる時間は少なくなる[23]。

① 親子のあいだにみられる調整

第2子の妊娠がわかると、親は、弟や妹が生まれることを第1子に告げ、肯定的な感情をもつように話し聞かせたり、兄や姉としての実感をもてるように接し方を変えていく[24]。

誕生してからは、2人のきょうだいと母親が遊ぶ際、母親はそれぞれの子どもに対して、きょうだい間のトラブルをおさえたり、きょうだい間の

遊びを促進したりといった,二者のあいだを調整するような行動をみせる[25]。たとえば,年長児の機嫌が悪いときには,年少児に別のオモチャを与えるなど,気をそらすはたらきかけを行なう。また母親が年長児に対して年少児が今どんな気持ちなのか,どんなことをしたのかについて伝えると,年長児が年少児に対して,オモチャの使い方を教えたり,抱きしめたりというやさしい行動をとるようになりやすい。

② 夫婦間の役割調整

第2子の誕生以降,母親に代わって父親が第1子にかかわるようになる場合が多い。その傾向は家庭以外の場面でも見ることができる。子どもが2人いる家族が外出する際,第1子の年齢が2,3歳であると,年少の子どもには母親が中心的にかかわり,年長の子どもには父親が中心的にかかわるという役割分担がなされる[26]。年長の子どもが4,5歳になると,このような役割分担は見られず,子どもの発達によって夫婦の役割分担のかたちも変化することが見てとれる。

第2子が誕生して間もない時期に,父親が積極的に第1子の世話を引き受けるかどうかが,第1子の退行行動やストレスに関連しているといわれており,第1子の誕生後はもちろんのこと,第2子の誕生後も父親が積極的に育児に関与することが,家族関係の安定にとって重要な役割を果たしているといえる。

【参考書】

ベルスキー,J.・ケリー,J./安次嶺佳子(訳)(1995)『子どもが生まれると夫婦に何が起こるか』草思社

氏家達夫(1996)『親になるプロセス』金子書房

第2章

人や物とかかわる

◆◆◆◆関係

（6歳，男児）友だちと遊んでいるところ。空には大きな虹がかかっている。

1・愛　着

エピソード 9　ボク，がんばったよ

　昼休みに，職場の電話がなりました。それは，子どもを預けている保育園からの電話で，息子のシュント（2歳ちょうど）が転んだ拍子に，腕が抜けたという連絡でした。園の先生がすぐに医院に連れて行ってくださり，肘の脱臼ということで，関節を元に戻してもらったとのことでした。シュント自身は，関節が治ると，すっかり元気になったそうです。だから，お迎えはいつもどおりの時間でかまわないとのことでした。私は，上の娘も肘を脱臼したことがあったので，脱臼はうまく関節が戻ればすぐに元気になることを知っていました。それで，いつもどおり仕事をしてから，お迎えに行きました。

　私が園に着いたとき，シュントは夢中になってブロックで遊んでいました。あぁ，元気そうだな，ニコニコしているし，腕は大丈夫そうね……と思ったとき，ふっとシュントが振り向き，私に気づきました。そのとたん，シュントの表情がみるみる険しくなり，片方の腕を私の方へ差し出して，片言で「イタイ，イタイ……」と訴えながら，目に涙をためて，こちらへ歩いてきます。

　私は，びっくりしました。私に気づく前は，まったくいつもと同じように遊んでいたのに！　私を見て，それまでずっと我慢してきたものが一気にあふれ出たようでした。腕が抜けた痛さ，知らないお医者さんに痛い腕を触られた不安……小さなシュントがひとりでどんなにがんばったことでしょう。

　ところで，子どもは，生後半年をすぎたころから，自分のまわりにいる大人をはっきり区別しはじめ，特定の大人に対して情緒的な絆を発達させます。これを，愛着といいます。子どもは，母親など愛着を形成した相手を安全基地として，何か困ったことや不安なことがあったときには，そこに帰り気持ちを落ち着かせるのです。なのにシュントは，今日一日安全基地に帰れずにいたのです。大泣きするシュントを抱きしめながら，もっと早く迎えに来ればよかったと反省したのでした。

　ひと泣きするとすっきりしたらしく，シュントはいつもの表情に戻りました。同じ保育園に通う6歳の姉と一緒に帰宅です。園の先生から，「シュントくん，腕が抜けたから，遊ぶときは気をつけてね」と言われた姉は，「シュントの腕，先生がちゃんと持ってたんでしょ。無くさなくてよかったね」と，シュントの肘をじろじろ観察していました。抜けた，というのは，そういう意味ではないのですが……

エピソード 10　アンパンマンといっしょ

　娘のハルナ（2歳半）とお絵描きをしているとき，私がふざけて，娘の手の甲に落書きをしたことがありました。細いペンで，娘の大好きなアンパンマンの顔を描いたのです。娘は大喜び。帰宅した夫にも，「見て！　アンパンマン」と見せびらかしていました。

　夜寝るとき。いつもなら，娘は，お布団に入ってもゴソゴソモゾモゾ，なかなか寝てくれません。ところが，その日は違いました。部屋を暗くすると，娘はアンパンマンが描かれた手を持ち上げ，手の甲をじーっと眺めています。そのうちウトウトしてくると，腕がガクンと落ちます。それで少し目が覚め，また腕を上げて，手の甲のアンパンマンを眺めながら，ウトウト……。それを何度か繰り返して，眠りにつきました。

　眠るときなど，お気に入りのぬいぐるみや毛布を手離せない子どもがいます。精神分析学者ウィニコットは，これを移行対象と呼びました。移行対象とは，母親とのつながりを思わせるもので，母親からの自立の助けをするものと考えられています。子どもは，お気に入りのぬいぐるみを抱えることで安心でき，寝たり，外の世界へ出ていったりができるのです。

　一方で，子どもは，ぬいぐるみと会話をします。といっても，ぬいぐるみが話をするわけではないので，実際には，心のなかのもうひとりの自分と会話しているのです。ぬいぐるみ役のもうひとりの自分は，たいてい，お母さんやお父さん，友だちなど，自分以外の人たちの見方や考え方を代弁します。そうやって，子どもは，外の世界を自分の内に取り込んでいくわけです。その意味で，移行対象は，外の世界と心の内の世界をつなぐはたらきをするといえます。

　手の甲のアンパンマンは，典型的な移行対象ではありませんが，外と内の世界をつなぐはたらきをしていたようです。たとえば，お行儀が悪いのを注意するため，私が「お手々のアンパンマンが見てるよ」と言うと，すぐお行儀が良くなりました。また，娘は自分で描いた絵を，手の甲のアンパンマンに見せていました。きっと，アンパンマンに「上手だね」とほめてもらったのでしょう。手の甲のアンパンマンは，娘にとって，もうひとりの話し相手だったのでした。

　さて，翌日。手を洗うたび，アンパンマンは少しずつ消えていきました。娘は，消えかかったアンパンマンを眺めて，「アンパンマン，すこーし，いるね」とつぶやいていました。少しさびしそうでしたが，手を洗うのをいやがったりはしません。「ハルナは，だいじょうぶだよ」とアンパンマンに話しかけていたのでしょうか。

解 説

(1) 愛着とは

　　子どもが親を見て微笑んだり，ハイハイで親の後を追ったり，泣いた子どもが親に抱っこされて泣きやんだり，また，知らない人に話しかけられ，あわてて親にしがみついたりする姿は，日常よく見かける微笑ましい光景である。乳幼児は，親や保育所の先生など，よく接する大人に対しては，あまり親しくない人に対するのとははっきりと異なった行動をすることは，よく知られている。このような親しい他者への愛情にもとづく結びつき，つまり情緒的な絆を，**愛着（アタッチメント）**という。

(2) 愛着の発達

　　ボウルビィ[1]は，愛着の発達を4つの段階に整理している（表2-1）。乳児期に，親など親しい他者とのあいだに相互に愛着を発達させることによって，乳児は，人全般に対する基本的な信頼感をもち，また自分への自信を得てゆくのである。

(3) 愛着の個人差

　　電車の中やスーパーなどで幼い子どもを見かけると，ついつい笑いかけてしまう人が少なくないだろう。知らない人から見つめられ，笑いかけられた子どもは，さまざまな反応を示す。ニッコリ微笑み返してくれる子どももいれば，あわてて母親にしがみついて目をそらす子どももいる。また，母親の様子をうかがい，母親に促されて，この見知らぬ他者とかかわりをもとうとする子どももいる。見知らぬ他者に対してどのように反応するか，**ひとみしり**するか［☞ひとみしり］，あるいは，母親を**安全基地**として，新しい出来事や人への不安をのりこえ，好奇心を満たしていくかは，それぞれの子どもの愛着のありようを示している。親が子どもを1人残して部屋から出て行き，また戻ってきたときの子どもの行動を観察した研究から，愛着の質には次の

表2-1　愛着の発達

(ボウルビィ, J.／黒田実郎・大場蓁・岡田洋子（訳）(1976)『母子関係の理論① 愛着行動』岩崎学術出版社：繁多進 (1978)『愛着の発達——母と子の心のむすびつき』大日本図書 を参考に作成)

第1段階（誕生～生後3ヵ月ごろ）
赤ちゃんは，じっと見つめたり，目で追ったりすることで，注意を向けることができる（定位という）。また，泣きや微笑，発声によって発信することもできる。この時期の赤ちゃんは，親など特定の人だけでなく，誰にでも定位や発信行動を示す。

第2段階（生後3ヵ月～6ヵ月ごろ）
乳児の定位・発信が，特定の人に向けられるようになる。母親などよく関わる他者ほど，よく見つめ，よく微笑み，よく発声するようになる。

第3段階（生後6ヵ月～2, 3歳）
ひとみしりがはじまる。慣れ親しんだ人と，見知らぬ人をはっきり区別し，見知らぬ人への恐れや警戒心が強くなるためである。一方，慣れ親しんだ人への愛着も深まり，母親など愛着対象を安全基地という心の拠点として，探索行動をはじめる。この安全基地は，子どもの視野内に存在し，不安が生じたときには，母親への接近・接触を求めることになる。

第4段階（3歳以降）
母親などの愛着対象が，安全基地としてたえず視野内に存在しなくとも，そのイメージは子どもの心に内在化され，情緒的な安定が図れるようになる。

ようなタイプがあることがわかった。

　Aタイプ（回避型）——　親と離れても泣くことがなく，再会したときにも，親から目をそらすなど，親を回避する行動が見られる。親がいてもいなくても，ひとり遊びが多い。

　Bタイプ（安定型）——　親が見える範囲内にいれば，積極的な探索行動も見知らぬ人へのかかわりもみられ，親を安全基地としている。親と離れたときには悲しみの表情を浮かべ，再会時には，親を歓迎し，接近・接触など愛着行動が高まる。再会後しばらくすると落ち着き，探索行動をはじめる。

　Cタイプ（アンビバレント型）——　親がいるときにも不安が強く，離れる際には激しく泣いて抵抗を示す。再会後もなかなか慰められず，抱かれると決して離れようとしない。しかし，親との接触を楽しむというより，反抗的な態度で接触維持を求める。

Bタイプの子どもたちは親への安定した愛着を形成しており，A・Cタイプは，愛着が不安定である。また最近では，上の3タイプのいずれにもあてはまらないタイプの子どもがいるといわれている。親と離れたり再開したときの行動が無関心とも不安が強いとも定まらない行動がバラバラな子どもたちで，**Dタイプ（無秩序型）**と分類されている。

　どのようなタイプの愛着が形成されるかは，親の養育態度や子どもの気質，それまでの親子のかかわりの歴史の影響を受けている。また，文化によって愛着のタイプの割合が非常に異なるので，文化ごとの子育てのしかたの影響も考えられている[2]。

(4) 愛着対象

　ボウルビィは，子どもが1人の母親的人物との強い愛着を形成・維持できなければ，子どもの現在および将来の精神的健康に悪影響を及ぼすと主張した。しかし，その後の研究によると，愛着対象は必ずしも母親ひとりに限ったわけでなく，乳児は多重的な愛の関係を結ぶことがわかってきた[3]。つまり愛着対象は，母親だけでなく，父親でも保育士でも，祖父母でも，近所のおばさんでもよいし，そして，ひとりでなく複数の人との深い愛着関係を結ぶことができるのである。

(5) 移行対象

　乳幼児は，ときに，人に対してだけでなく，特定のぬいぐるみやタオルなどにも愛着を示す。お気に入りのぬいぐるみをどこへ行くときも連れて行くとか，寝るときにお気に入りのタオルを頬にすりつけるようにしないと眠れないなどはめずらしくないが，このときのタオルやぬいぐるみなどの対象物を，**移行対象**という。移行対象は母親などの愛着の対象となる人の代理として，乳幼児の心の安定を手伝うものである。欧米など，子どもに小さいころから個室を与え子どもの自立を重んじる文化では，移行対象を使用する子どもが多く，日本のように，親子の身体接触の多い文化では移行対象の使用が少ないといわれ

ている。

【参考書】
繁多進（1978）『愛着の発達——母と子の心のむすびつき』大日本図書
大日向雅美（1988）『母性の研究』川島書店
シャファー，H. R.／無藤隆・佐藤恵理子（訳）（2001）『子どもの養育に心理学がいえること』新曜社

【参考ビデオ】
文映企画・制作「親と子のきずな——母へのアタッチメント」心理学シリーズ：社会心理学編　第1部　人間関係シリーズ2

> ### ☕こぼれ話
> #### もしかして虐待？
> 　最近，子育て中のお母さんたちの中に，「子どもをかわいいと思えない」「ついカッとなって子どもを叩いてしまう」などという思いを持っておられる方が少なからずいることが指摘されています。なかには，「自分がしていることは虐待なのではないか」「このままだといつか自分も虐待してしまうのではないか」という不安をもっておられる場合もあるようです。子育てをしていれば，だれでも子どもをイヤだ・かわいくないと思うことはあるのだと思いますが，このような不安を訴えるお母さんたちの悩みは，もう少し根が深いように思います。虐待している（してしまう）のではないかという不安と，新聞等で報道される虐待事件とをすぐに結びつけることはできませんが，いずれもほうっておけない問題です。お母さんたちが「子どもを愛せない」「手を出してしまう」ことの原因が，子どもやお母さん自身だけにあることは少なく，夫や実母や姑などとの家族関係，お母さん仲間との関係がうまくいかず，それがストレスとなり，子どもに向かってしまうことの方が多いようです。「そんなことをする（考える）なんて母親として失格」とお母さんを責めるのは簡単ですが，お母さん自身もつらい立場にあることを周囲の人が理解することも必要なのではないでしょうか。ただ，もし子どもを「愛さないこと」「叩くこと」を過度に正当化することがあったら，それは見逃せない問題です。
> 〔菅野幸恵〕

2 • ひとみしり

エピソード 11　ひとみしりはなぜおこる

　ユリちゃん（当時10ヵ月）にはじめて対面したときのことです。お母さんに抱かれていたユリちゃんは，私が「こんにちは」と笑顔で声をかけると，こわばった表情となり，お母さんの胸に顔をうずめてしまいました。

　彼女が私に示したようなはじめて会う人に対する恐れや不安は生後6ヵ月くらいからあらわれ，一般に「ひとみしり」と呼ばれています。ひとみしりについては多くの学者がさまざまな説明をしているのですが，ここではイギリスのバウアーという人の説を紹介しましょう。

　バウアーは，ひとみしりをコミュニケーションの側面から説明しました。1歳になるころの子どもと他者のコミュニケーションは，ごく親しい人（父母，きょうだいなど）とのあいだで成り立っています。子どもが食器棚を指さしていたとして，それが「戸棚のなかのお菓子が食べたい」という意味なのか，「戸棚のなかのトーマスのコップを取って」という意味なのか，はたまた他の意味かについては，そのときの状況とそれまでのかかわりから判断するしかありません。その子どもと普段から接している人であれば，たやすく判断できるかもしれませんが，はじめて会った人にそのようなことができるはずがありません。つまり，この時期の子どものコミュニケーションはとても「ローカル」で，限られた場にいる限られた相手にしか通じないのです。一方，子どもにとって見知らぬ人は，自分の知っているコミュニケーションのしかたをとらない人なので，子どもは恐れや不安を示すのです。ときどき子どもにひとみしりをされてしまった気の毒なお父さんの話を聞くことがありますが，バウアーの説にしたがえば，それはお父さんが子どもとローカルなコミュニケーションを共有していないからということになります。ひとみしりはことばが発達して，はじめて会った人とでもわかりあえる方法でコミュニケーションをとれるようになると，減っていくようです。

　約1年後，2歳になったユリちゃんに再会しました。私が「こんにちは」と声をかけると，またこわばった顔をして，そのままお母さんの陰に隠れてしまいました。しばらくして慣れたころに，今度はユリちゃんの遊んでいたボールを差し出しながら声をかけてみました。すると，一瞬こわばった顔をしたのですが，おそるおそる手を伸ばして，ボールを受け取ると，表情が和らいでとてもかわいらしい笑顔を見せてくれました。彼女のよく見知っているオモチャが，2人のあいだの掛け橋となってくれたのかもしれません。

解 説

(1) ひとみしりとは

　電車の中や，友だちの家などで子どもに話しかけたら，しかめ面をされたり，親の影に隠れてしまったり，しまいには泣かれたりという経験は誰にでもあるだろう。見知らぬ人に対して子どもが示す恐れや不安のことを，**ひとみしり**という。ひとみしりは生後6ヵ月くらいから生後2歳くらいまでのあいだにみられる。多少の個人差があり，目立ったひとみしりを示さない子どももいる。

(2) ひとみしりはなぜおこるのか

　なぜひとみしりがおこるのかについてはさまざまに議論されてきた。ここでは3つの考え方を紹介する。

① 愛着説

　愛着説では，子どもが見知らぬ人に対して恐れを示すのは，特定対象とのあいだに情緒的な絆（**愛着；アタッチメント**）［☞愛着］ができている証拠であるとされる。ボウルビィは，見知らぬ人に対する乳児の反応には，次の3つの段階があるとしている[4]。①見知らぬ人と慣れ親しんだ人とのあいだになんの識別もしていない段階。②慣れた人ほどではないが，まだ知らない人にも肯定的な反応をする段階。③見知らぬ人を見て真顔になり，目をまるくして見つめる段階。つまり③の段階で特定の対象とあいだに絆が形成され，見知らぬ人との区別がはっきりするようになる。ボウルビィは，この段階を経て典型的なひとみしりの行動がみられるとした。

p.38

② 自己概念説

　自己概念説では，ひとみしりは，「自分（**自己**）」というものの意識［☞自己の発達］と関連しているとされる。ルイス[5]は，7ヵ月から19ヵ月の子どもに「見知らぬ大人の女性」「見知らぬ大人の男性」「母親」

p.89

「鏡に映った乳児自身」「見知らぬ4歳の女児」が少しずつ近づくという実験をした。「見知らぬ大人」が近づくと乳児は否定的な反応をするが，「母親」が近づくと肯定的な反応をした。「自分自身」は母親と同じような反応であり，「4歳の女児」のときも同じように肯定的な反応であった。見知らぬ4歳の女児には，見知らぬ大人に対するような否定的な反応を示さず，母親や自分自身への反応と同じ傾向であったのは，4歳の女児が自分に似ているからと考えることができる。愛着説では特定の対象との関係のみを重視するが，自己概念説では特定対象だけでなく，「自己」の芽生えもひとみしりに大きく関連していると考える。9ヵ月ころは自己に対する認識が芽生える時期であり，その時期はひとみしりの出現時期と重なっている。

③ コミュニケーション説

コミュニケーションの側面からひとみしりを考えようとする立場である[6]。0歳台後半の乳児のコミュニケーションは，ごく身近な少数の人物とのあいだで共有されていて，誰とでも共有できるものではない[7]。第三者にはわからない行動でも親にはすぐに了解できたり，第三者が一生懸命あやしても泣きやまないのに，親に代わるとあっという間に泣きやむことは多い。これは親と乳児のあいだに2人だけの特別なコミュニケーションのしかたが共有されているからである。見知らぬ人は，乳児にとってこの特別のコミュニケーションを共有しない人であり，子どもの行動に対してチグハグな反応をする人である。コミュニケーション説では，そのチグハグさが子どもに不安や恐れをもたらすとする。またひとみしりは，誰とでも共通なコミュニケーション手段であることばの発達に伴って減少していくことも，この説を補強している。さらにこの説によれば，ひとみしりは，大人が子どもに積極的にかかわろうとするときおこるということも説明できる。

【参考書】
川上清文（1989）「社会的ネットワーク理論」『乳児期の対人関係』川島書店
小嶋謙四郎（1981）「アタッチメントと精神発達」『乳児期の母子関係』第2版　医学書院

もう少し深く学びたい人のために──3歳児神話と母性神話

　子どもには，世話をしてくれるだけでなく，愛着の対象となる大人の存在が不可欠である。そして，その愛着対象は母親であることが多い。しかし，だからといって，「子どもが3歳までは家庭で母親が育てないと，子どもに後々取り返しのつかないダメージを与える（3歳児神話）」とか，「女性にとって母性は本能なので，女性が子どもを産めば，自動的に母性がわいて，自然に子どもの世話をしたくなる（母性神話）」というのは，真実ではない。3歳児神話については，愛着対象の節でも述べたように，子どもにとって，愛着の対象が必ずしも母親である必要はないし，愛着対象がたったひとりである必要もない。専業主婦と有職女性の母親をもつ子どもの発達について比較した研究は少なくないが，母親だけが養育にかかわるのがよいという結果は示されていない[8]。

　一方，母性神話についても，しばしば虐待が事件として報道されることから考えても，母性が本能であると楽観することは難しい。母性本能があるなら，虐待がおこるはずがないからである。

　母性と呼ばれる，子どもや小さいもの，弱いものを守りたいという思いは，決して女性に限られてはいない。このような思い（**養護性**という）は，子どものころの異年齢の仲間とのかかわりや，他人の子育ての観察，そして，自身の妊娠・出産を経て実際の育児など，人生の経験を通して学習されるものなのである[9]。もちろんそこには，女性として，母親として，子どもにこうあるべきだ，という文化も深くかかわっている［☞ジェンダー］。 p.74

　筆者としては，むしろ，母性が本能でないと知ったうえで，「本能のように見える」ということに興味をもつ。それは，子どもが，大人を引きつける力を備えているからなのである。たとえば，赤ちゃんは母親をじっと見つめることができるし，驚くほど早く母親の顔を覚える[10]。新生児のうちから大人の模倣もできる［☞模倣］。ひとみしりすることは，つまりは子どもが主体的に母親を選択していることを，母親に伝えているのである。これらの子どもの行動は，母親の子どもへの思いを育てる手伝いをする。母性と呼ばれてきた親の思いは，子どものもつこのような力に支えられて，「本能に見える」くらい自然な過程を経て，育つのである。子育ては「親たちが子どもに対してしてあげることではなく，子どもたちとともにする共同事業だ」[8]と述べている心理学者がいるが，まさにそのとおりだろう。 p.160

3 • 見知らぬ他者や物との関係づくり

エピソード 12　世界はぼくの手からはじまる

　先日，友人宅に遊びに行きました。友人宅には6歳になるケンちゃんがいます。ケンちゃんはとっても元気な男の子ですが，生まれつき目の病気のため視力がとても弱いことを，あらかじめお母さんから聞いていました。私はケンちゃんに会うのははじめてでしたが，とても楽しみにうかがいました。

　当日，ケンちゃんはお母さんと一緒に，玄関で私を出迎えてくれました。でも，なんだかご機嫌ななめです。私が話しかけても，すぐにお母さんの陰に隠れてしまいます。「アイスクリームお土産に買ってきてくれたよ」とお母さんが言っても，「今日はやだ，やだ」です。そんなやりとりをしながらもお部屋に入り，しばらくのあいだ，お母さんと私は楽しくおしゃべりをしていました。その間もずっとお母さんの背中に隠れていたケンちゃんに，お母さんは「ケンちゃん，お母さんのお友だちだよ。やさしそうなおねえさんよ（私のことです！），見てごらん」と言ったのです。その瞬間，私はハッとしました。それまでケンちゃんは一度も私の方に顔を向けて，私を見ようとしなかったのです。私の方に身体すら向けません。

　今まで会ってきた視力に問題のないお子さんは，初対面のとき，お母さんの陰に隠れながら品定めするようにチラチラッと私を見ます。「相手を見る」ことで他者の様子を何気なく探っているのです。たとえば，目の前にいる人がじーっと自分の食べているものを見ているのを見たら，思わず「食べる？」と聞きます。相手が自分の食べているものを欲しいのかなと思うからです。だから，十分に相手を見られないということは，たいへんな不安を伴うはずです。このように直接的に相手を見て様子を探れないとき，私たちは間接的に探ります。たとえば，自分が信頼している人が，その相手にどのように接しているかによって，相手を判断するのです。これを社会的参照といいます。お母さんが私に親しく振る舞っていれば，ケンちゃんは私に心を許します。でも，お母さんの態度がいやいやであれば，ケンちゃんは私に心を許さないでしょう。

　さて，ケンちゃんは私にどんなふうに接してくれたでしょうか。私はケンちゃんと直接的にもかかわれればと思い，そっと手を伸ばしてみることにしました。そのとたんです！　ケンちゃんが私の手をさっとつかみ，それこそゴシゴシと音が出るくらいに私の手を触りました。そして，パッと顔を輝かせて「おねえさんの手，しわしわじゃないね」と笑顔になりました。ケンちゃんに，お母さんと私の親しさが伝わったようですね。私とも仲良くしてくれそうです。

解 説

（1）新奇な状況との出会い

　私たちは通常，親しい人との安定したかかわりのなかで生活している。いつもの人といつものやり方という慣れた環境のなかにいてこそ，安心して生活できるというものである。しかし，いつでもそのような慣れた環境にいられるわけではない。知らない家に行って知らない人たちと会ったり，保育所や幼稚園に入園するなど新奇な状況におかれると，過度に緊張したり，どのように振る舞ったらよいかわからずにとまどったりする。そして，不安定な状態へ陥ることがある。

　乳幼児にとっても，見慣れない状況との出会いは，安定した環境が壊される不安な事態である。乳児の恐れの感情は，おおよそ生後7～9ヵ月ごろに見られるようになる［☞ひとみしり，情緒の発達］。生後8ヵ月のケイコちゃんは，動く犬のぬいぐるみをたいへん恐がった。そのぬいぐるみは，スイッチを入れるとしっぽを振りながら前に進み，ときどきワンワンと声を出すのだが，犬が動き出すと，腰を抜かさんばかりにビックリして恐がったのである。動くオモチャをはじめて見て，これは何だ？に答えが出せず，恐くなったのだろう。 p.44 p.110

（2）乳児の社会的参照

　見慣れない状況にあってとまどいを感じたとき，私たちはどのように対応するだろうか。そこに信頼できる人がいれば，その人の表情を自然にうかがうものである。その人の表情を見て，そこに穏やかな表情が浮かんでいれば，安心して振る舞える。逆に，厳しい表情が浮かんでいれば，自分の行動が不適切なのかもしれないと不安になって振る舞いを修正する。このように信頼できる人の様子をうかがいながら自分の振る舞いに適用することを，**社会的参照**という[11]。

　つまり社会的参照とは，自分がいまの状況でどのように振る舞ったらいいかわからないときに，他者がどのように振る舞っているかを参照することによって，つまり，他者の表情や音声にあらわれる情緒や，他者の身体から発せられる雰囲気を感じとることによって，自分の振

図2-1 社会的参照1 （9ヵ月，女児）。左下の動くぬいぐるみが恐くて大泣き！

図2-2 社会的参照2 泣きながらもママを見る。でもやっぱり恐い。9ヵ月のときは，ママが笑っていても恐くてぬいぐるみに触ることができなかった。

る舞いに結びつけることなのである[12]。

　乳児の社会的参照の発見のきっかけになったのは，視覚的断崖と呼ばれる装置を使った実験である（図2-3）[13]。この装置は，深さ約30cmの溝の上に厚い透明なガラス板をのせたもので，ガラス板の向こうには，魅力的なオモチャがある。しかし，そのオモチャに近づくためには，ガラス板の上を渡らなくてはならない。これは乳児が日ごろほとんど経験していないことであり，恐れを抱く状況である。この状態におかれると，乳児は母親を見る。そのとき母親が乳児に肯定的

図2-3 視覚的断崖
(Gibson, E. J. & Walk, R. D.（1960）The visual cliff. *Scientific American*, April, 64-71 をもとに作成)

表情（幸せそうな表情や，興味深そうにしている表情）を見せると，大半の乳児がガラス板の上を渡る。しかし，乳児が母親を見たとき，母親が否定的な表情（恐れの表情や怒っている表情）を見せると，ほとんどの乳児が渡らない[14]。

　このように乳児は，見慣れない状況で恐れを抱いてどのように行動してよいかとまどったとき，その対象物に母親がどのように関わるかを母親の表情から感じとって，自分の行動に結びつける。他者の顔の表情に表れた情緒や，他者の身体から発せられる雰囲気に応じて，乳児が自分の行動を変化させるようになるのは，おおよそ12ヵ月ごろである[15]。

　社会的な場面においては，不安を感じるような事態も多い。そのようなとき，社会的参照は，どのように振る舞ったらよいかのルールを獲得するための大切な力であるといえる[16]。

【参考書】
佐々木正人（1987）『からだ：認識の原典』東京大学出版会

4 ● 遊びの発達

エピソード 13　遊びは伝染する

　近所の公園に出かけたときのことです。天気もよかったので，公園には多くの家族連れがいました。そんななかで歩き始めたばかりの女の子と，3歳くらいの女の子が公園の芝生の傾斜を利用し，ダンボールすべりをしていました。その様子を2歳くらいの男の子が，ずっと見ていました。見ているうちにやりたくなったのでしょう，その男の子も2人が遊んでいるところに行って，一緒にすべりはじめました。もう少し年齢の大きい子どもであれば「入れて」「いいよ」という仲間入りのやりとりがあって遊びに参加するところでしょうが，彼らはお互いにまだそこまでコミュニケーションがうまくとれないようでした。男の子は2人が遊んでいるところに行って，何も言わず2人が使っていたダンボールを持って斜面を登りダンボールすべりをはじめました。私は一瞬ダンボールの取り合いになるかとひやっとしたのですが，偶然にも順番に使うようなかたちになり，3人は幸いけんかもせず，その後もダンボール遊びを続けていました。遊びのなかでとくに「あーしよう」「こうしよう」というやりとりがあるわけではないのですが，それぞれがとても楽しく遊んでいるように見えました。相互交渉がなくても，十分にそれぞれが同じ遊びを楽しんでいるように思えたのです。

　保育園などに行き，2歳児クラスの子どもたちの遊びの様子を観察すると，一見同じ砂遊びをしているように見えても実際にはそれぞれが思い思いに砂場で穴をほったりしていて，相互交渉はあまりみられません。このような遊びを心理学では平行遊びと呼びます。一見一緒のことをやっているように見えても相互交渉がないので，4，5歳児にみられるような相互交渉が活発な集団遊びとは区別しているのです。しかし，たとえ相互交渉がなくても，お互いがまったく無関係に遊んでいるというわけではありません。先ほどのエピソードでは，「なんか楽しそうなことやっている」→「私もやりたい」→「やってみると楽しい」というように，はじめに遊んでいる子どもの真似をして次の子どもの遊びが成立しているといえます。このような現象を研究者たちは「遊びの伝染」と言ったりして，子どもの遊びの発達における意味を研究しています。他の子どもが遊んでいるのを真似する（遊びが伝染する）ことから遊びははじまっていき，相互交渉にもつながっていくのでしょうね。

解 説

(1) 遊びとは

　子どもの生活のほとんどは遊びであるといえるだろう。そして子どもは遊びを通して，科学的知識，社会的知識，他者とうまくやっていくためのコミュニケーションのスキル，想像力，そして自分のことなど，たくさんのことを学ぶ。子どもの発達を，遊びと切り離して考えることはできない。

　遊びは実に多岐多様な行動なので定義するのはなかなか難しいが，①自由で自発的に行なわれ，②おもしろさ，楽しさを追求し，喜びの感情を伴い，③自分から積極的に関与し，④遊ぶことそれ自体が目的であるような活動であるといえるだろう[17]。仕事のように義務や責任を伴う活動であったり，その活動を通して何かを作ったり，他人の役に立ったりなど，何らかの価値を生み出すこと自体を目的とする活動ではない[18]。

(2) 遊びの発達

　2歳から5歳くらいまでの子どもの遊びは，他者とのかかわりの形態の変化という点から，次のように分類することができる[19]。

①ひとり遊び
②傍観的行動——遊びに参加せず，他児が遊んでいるのをただ眺めたり，口を出したりする行動。
③平行遊び——他児のそばで同じ遊びをしているが，交渉はもたない。
④連合遊び——他児と一緒に，同じ活動にかかわる遊び。
⑤協同遊び——何らかの目的をもってグループを作り，協力や役割分担などがあるかかわり遊び。

　発達的にみると，2，3歳ではひとり遊びや傍観的行動，平行遊びが多くみられ，4，5歳になると連合遊びや協同遊びが多くみられるようになる。

第2章　人や物とかかわる——関係

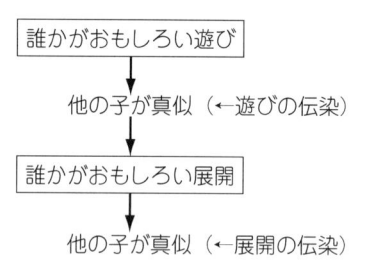

```
┌─────────────────────┐
│ 誰かがおもしろい遊び │
└─────────────────────┘
         ↓
      他の子が真似（←遊びの伝染）
         ↓
┌─────────────────────┐
│ 誰かがおもしろい展開 │
└─────────────────────┘
         ↓
      他の子が真似（←展開の伝染）
```

図2-4　伝染による遊びの展開
(山本登志哉（2001）「幼児期前期の友だち関係と大人の関わり」無藤隆（編）『発達心理学』ミネルヴァ書房)

　しかし，2，3歳の子どもも，まったく他者と関係のないひとりの世界で遊んでいるのではない。平行遊びをよく見ると，誰かがはじめた遊びが，特に誘いあわせることもなく拡がっていくような展開をしていることに気づく。このような現象を，**遊びの伝染**と呼ぶ[20]。遊びの伝染は，単なる活動の模倣ではなく，遊びの気分といった情緒的な側面が共有されていて，集団遊びの出発点になる[20]。

　幼児期の集団遊びは，まずパターン化された遊びが形成されて伝染し，そのパターンが崩れて新しいパターンが創り出され，それがまた伝染するところからはじまる（図2-4）。この伝染的な集団活動のなかで，新しくて魅力的なパターンを生み出した者が，結果的にその遊びのなかでリーダー的役割をとることになる。しかし，そのリーダー的役割は誰かが意図的（意識的）に担うものではない。3歳をすぎると，意図的（意識的）にリーダーシップをとる子どもがあらわれ，相互に行動を調整できるようになる[20]。こういう集団では，遊びの目標やルールが共有され，ズレが生じた場合には互いに調整しあう。これは，先の分類の協同遊びにあたる。

（生後24カ月，男児）　母と手遊び。上手にできました。

(3) ひとり遊びの意味

　　ひとり遊びは一般的には年少時に多くみられ，年齢の上昇とともに減少すると考えられている。それではひとり遊びは，発達的な未熟さを示しているのだろうか。実はひとり遊びは，年長になってもしばしば見ることができるのである。
　　4歳半のムツくんは，母親とその友人がおしゃべりをしているあいだ，友人からもらったヒーロー物の人形を操り，ひとりで何役もこなしながら長いあいだ遊んでいた。ムツくんの心のなかでは，たくさんの人物たちが，次々と冒険を重ねているのかもしれない。自分で選んだ遊びを，じっくり楽しんでいるのである[21]。ひとり遊びは，子どもの想像的活動において重要な役割を果たしているということが，しだいにわかってきた。

【参考書】
高橋たまき（1984）『乳幼児の遊び』新曜社
無藤隆　責任編集（1991）『新・児童心理学講座11　子どもの遊びと生活』金子書房

【参考ビデオ】
全国保健センター連合会「遊ぼうよ」全2巻，V-toneビデオライブラリー

5 • 仲間関係

エピソード 14　仲間関係の威力

　幼稚園に入る前のお子さんとそのお母さんたちの自主グループのお手伝いをしていたときのこと。活動をしばらくお休みしていたコウジくん（2歳）が，久しぶりにそのグループの活動に来ました。コウジくんはもともと恥ずかしがりやなのですが，久々ということも加わって，なかなかみんなのいる部屋に入ることができません。部屋の入り口に立って，じっと中の様子をうかがっています。お母さんが一緒に入ろうといくら促しても，私たち大人がコウジくんの興味がありそうなものを見せて中から誘っても，やはりじっと見ているだけです。

　そんなとき，同じグループの仲間であるタカフミくん（3歳）がやってきて，コウジくんに「一緒に遊ぼ」と言って部屋の中に入るよう誘ってくれました。すると，今までまったく動く気配のなかったコウジくんが，中に入ってきたのです。大人がいくら促してもだめだったのに，タカフミくんの一言でコウジくんが動いたのです。大人としては多少拍子抜けした部分もあったのですが，仲間関係の威力を見せつけられた一瞬でした。

　「仲間」とは，年齢，立場などがほぼ等しい人同士のことをさしています。子どもはこの仲間からたくさんのことを学びます。家庭では学ぶことのなかったことを仲間関係から学ぶのです。なかには，親御さんが顔をしかめてしまうようなことを学んでくることもあって，そういうことに限ってやめさせようとしてもなかなかやめないことが多いものです。また今回の事例のように，大人にはわからないことでも，子ども同士，仲間とのあいだならわかり合えることもあるようです。子どもたちはきゃっきゃっ遊んでいるのに，大人には何が楽しいのかさっぱりわからないこともよくあることだと思います。いずれも，仲間関係の影響力の強さ，威力を物語っているのでしょう。

　この仲間関係は子どもの成長にしたがい，子どもの生活に占める割合が多くなり，影響力が増していきます。たとえば，児童期前半の仲間関係はギャンググループと呼ばれ，同一行動をすることが重んじられます。大人からおこられそうなことや危険なことをすることもありますが，一緒にそういう行動をすることで，結束力を高め，仲間としての意識が強くなるのです。

　大人になってからでも，仲間って親子関係とはまた違う意味がありますよね。親には相談できないことを相談したり，本当に馬鹿馬鹿しいことでも笑えたり，真剣に何かを語り合ったり。仲間関係だけがもっている不思議な威力があるんですね，きっと。

解 説

(1) 仲間関係とは

　年齢，立場などがほぼ等しい同一グループ内の人同士のことを，仲間という。多くの子どもは保育所や幼稚園という集団生活のなかで仲間と出会うことになるが，それ以前にも仲間と出会う機会がある［→子どもの居場所］。子どもは**仲間関係**を通して，自己や他者の理解を深め，社会のルールなどを学ぶ。

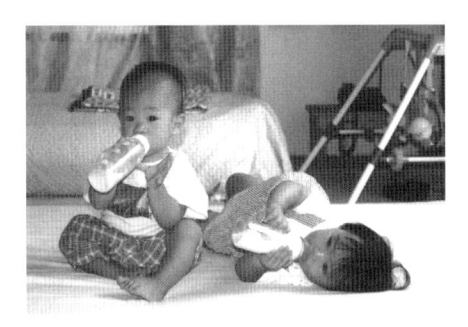

　仲間関係は，子ども‐大人の関係と同じく，子どもの発達にとって重要である。しかし仲間との関係と子ども‐大人の関係のあり方は，ずいぶんと違っている（表2‐2）。たとえば，大人は自分のどんな気持ちでも受け止めてくれるが[22]，仲間は大人のようには受け止めてくれない。そこで子どもたちは，お互いの気持ちに向き合うこととなる。

（左：生後10ヵ月，女児。右：10ヵ月，女児）2人で仲良く，お食事中。

(2) 発達に応じた仲間関係

　幼児期の前半の3歳くらいから，子どもと大人とのかかわりが減り，子ども同士のかかわりが増えてくる[23]（図2‐5）。1歳前後の子どもでも自分と同じくらいの年齢の子どもに対する興味は強いが，そのこ

表2‐2　大人と子どもの関係と子ども同士の関係の違い

	子どもと大人 （タテの関係）	子どもと子ども （ヨコの関係）
コミュニケーション	非対称	対等
遊びの相手	乳児の頃中心	幼児期以降ずっと
関係のあり方	育てる‐育てられる	育ち合う

第2章　人や物とかかわる——関係

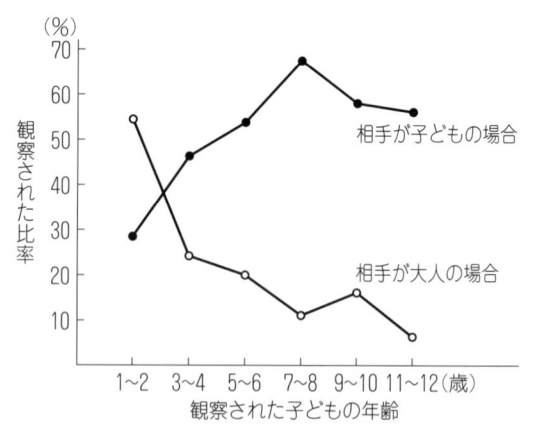

図2-5 年齢による遊び相手の変化
(Ellis, S., Rogoff, B., & Cromer, C. C. (1981) Age segregation in children's social interactions. *Developmental Psychology*, 17, 399-407)

ろはまだ相手に対するはたらきかけはあまりみられない。1歳半くらいになって相手にはたらきかけるようになり，2歳半くらいに仲間とのやりとりが多くみられるようになる。しかし1，2歳児はまだ自分の要求を押し通す面が強いためにトラブルも多く，2歳半から3歳くらいになって自分の思いを調整しながら他者とかかわることができるようになってくる［☞保育場面での仲間関係］。また年中くらいの年齢になると，親との会話のなかで特定の友だちの名前が聞かれるようになったり，好きな異性の名を語る子どももでてくるなど，仲間との関係が安定してくる。

幼児期においては，一緒に遊ぶ相手が仲間であり，児童期・思春期を通して育まれる友情を土台とした友だち関係とはいえない。しかし，一緒に遊ぶことを繰り返し，その子どもとの関係の歴史を作り上げるなかで，友だち関係の基盤が形成される[24]。

（1歳6ヵ月，男児と女児）大きな段ボールのおうち。2人で入るとぎゅうぎゅうになるが，2人ともご機嫌。

【参考書】

無藤隆（1997）『協同するからだとことば』金子書房

木下芳子　責任編集（1992）『新児童心理学講座8　対人関係と社会性の発達』金子書房

> ☕こぼれ話
>
> **ともに学ぶ・生きる**
>
> 　障害をもった子どもと健常な子どもがともに学ぶ「統合保育」が実践される保育所，幼稚園が増えてきました。障害という垣根を取り払って，ともに生きていこうという姿勢は社会全体の動きでもありますが，ともに学ぶことは障害をもった子どもに刺激を与えるだけでなく，健常な子どもたちにも大人にも，大きな影響を与えます。
>
> 　大人はどうしても，障害をもつ子どもに対してある種の構えをもって接してしまいがちです。しかし，子どもたちの接し方は本当に自然で，他の仲間と同じように接し，大人の真似をしてその子の世話を一生懸命しようとします。しかしときにはその子だけが周囲の特別な配慮を受けていることに対して「どうして？」と疑問を投げかけることもあります。なぜ特別な関わりが必要なのかを理解することは，子どもたちにとって大切なことです。きちんと理解することができれば，色眼鏡で見ることはしなくなるだろうからです。
>
> 　ともに学ぶ場に遊びを共有しながら参加することは，障害をもっている子どもにとってももちろん意味あることです。一対一の療育で繰り返し訓練してもできなかったことが，子どもたちのなかで自然にできるようになると，周りは驚きますが，子どもたちの発達にとっては，本来それが当たり前のことなのかもしれません。
>
> 　そしてこのような子どもたちの反応は，ともに生きることの意味を私たち大人にも考えさせてくれるのです。
> 〔菅野幸恵〕

6・保育場面での仲間関係

エピソード15　おとなりがいいの

　保育園の年中組のナナちゃんは同じクラスのミワちゃんと大の仲良し。遊びの時間だけではなく，給食の時間もおとなり同士ならんで仲良く食べています。ある日のお昼の時間，ミワちゃんがたまたま他のお友だちと並んで座っていました。それを見たナナちゃんは，ミワちゃんは自分のとなりに座るんだといって，「ミワちゃん，こっちおいで」と誘います。お友だちとお話をしていたミワちゃんは，ナナちゃんの誘いが聞こえなかったのか，なかなか移動しません。しびれを切らしたナナちゃんは，ミワちゃんの手を引いて無理やり連れて行こうとしました。無理やりに手を引っ張られたのがいやだったのでしょう。ミワちゃんがナナちゃんの手を振り払うと，ナナちゃんは自分の思いが叶わないと思ったのか，とうとう泣き出してしまいました。なぜナナちゃんはとなりに座ることにこだわっていたのでしょうか。

　ある研究者が保育園の給食の時間に子どもたちがどのような席を好むのかについて調査しました[46]。すると，子どもたちはタテに前後に座るよりも，となり同士ヨコに座ることを好むことがわかりました。またヨコに座ったほうが，相手とのコミュニケーションが活発になることもわかりました。子どもたちにとって，ヨコに座ることは活発な相互作用の可能性を意味し，仲良しの子のとなりに座りたいと思うのでしょう。

　このように，子どもの席取り行動は仲間関係の成立と発展に大きく関連しています。3歳後半から4歳ころになると遊び相手が特定されるようになり，その関係はある程度持続するようになります。仲間関係が特定されるようになると，身体的，言語的な行為によって，席取りを行なうようになるのです。特定的な仲間関係においては，肯定的なやりとりが多くみられますが，ナナちゃんとミワちゃんのようにトラブルも少なからず発生します。しかし特定の仲間関係においては，トラブルがあった後も，相互交渉が発生すること，また仲間入りの際にも，仲間入りする子が遊びたい相手の場合のほうが受け入れられやすいこともわかっています。つまり関係の認識が子どもたちの相互作用をスムーズにしているといえるでしょう。

　さて，ナナちゃんとミワちゃんですが，先生のとりなしもあって，その日も無事におとなり同士で給食を食べることができました。となりに座ることは，大人が考えている以上に子どもたちにとって意味があるものなのですね。

解 説

(1) いざこざ

けんかより広い意味での意見の対立を，総称していざこざという[24]。いざこざは困ったこととしてとらえられやすいが，乳幼児期の仲間関係にいざこざはつきものであり，子どもはいざこざを通して，他者や自分を理解するきっかけを得，また友だちとやりとりするときのルールを学んでいく。

① なぜいざこざがおこるのか

初期のいざこざの原因として最も多いのは，物や場所の所有・使用に関することや，いやなことを言われたり，ぶたれたりする不快なはたらきかけである。年長になると，遊びや生活上のイメージ・意見の食い違いや，遊びや生活上のルール違反も，いざこざの原因に加わる。図2-6は，3歳児クラスのいざこざの原因についてまとめたものである[25]。

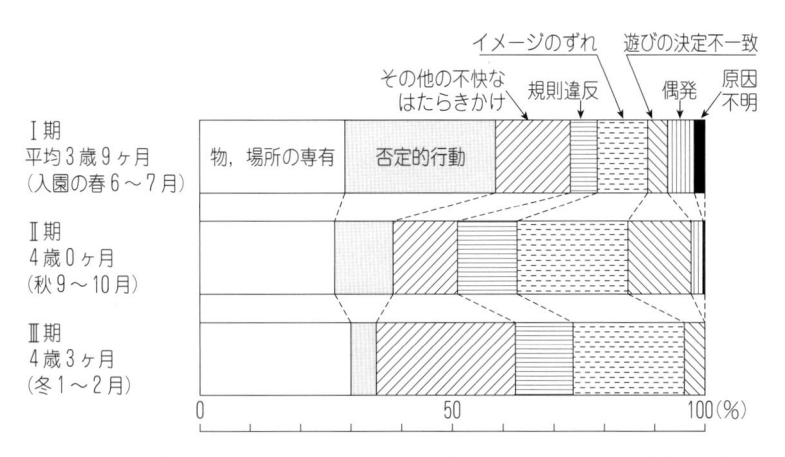

「その他の不快なはたらきかけ」は，援助や遊びの一環としての行動が相手の誤解や歪曲が関連して不快なはたらきかけになってしまう場合をさしている。

図2-6 3歳児のいざこざの原因
(齋藤こずゑ・木下芳子・朝生あけみ (1986)「仲間関係」無藤隆・内田伸子・斉藤こずゑ(編著)『子ども時代を豊かに――新しい保育心理学』学文社, pp.59-111)

第2章 人や物とかかわる――関係

② 物をめぐるいざこざ

　物をめぐる争いは生後9ヵ月くらいから見ることができるが，この年齢の子どもの関心は物にあって，自分と同じ物を欲しいと思っている他者の存在には気づいていないので，子どもの行動はもっぱら物に向かう。1歳半くらいになると相手が見え始め，欲しい物を自分のものにするために，相手に直接行動するようになる。

　なぜ，物をめぐるトラブルが多いのだろうか。それには，物の所有に関する子どもの考えが関係している。まず，先に所持・使用していた者に優先的に所持・使用する権利があるという「先行所有のルール」[26]が1歳から2歳にかけて獲得され，先に所持・使用している人に交渉することなくその物を獲得しないという原則がはたらくようになる[27]。先に所持していた子どもに対して使う権利を譲ってくれるよう交渉する行動は1歳から3歳にかけてしだいに増加する。しかし，交渉は常にうまくゆくものではないので，3歳以前の子どもは泣いたり，力ずくで奪おうとする。年長になると力づくでも獲得しようとすることはあまりみられなくなり[27]，ことばを使って交渉するようになる。さらに幼児期後半になると，ルールに言及したり，相手を心理的に圧迫するようなこと（「もう仲間に入れてあげない」など）をいって，自分の主張を通そうとする。

　物の所有についての考え方に関係してもうひとついえるのは，幼児は，物を使用するということと物を所有するということが分化しておらず，それを使っている人がその物の所有者と考えてしまう[28]ということである。実際に幼稚園児のオモチャをめぐるいざこざについての調査によると，もともとオモチャをもっていた子どもが最終的にオモチャを所持する割合が高いが，オモチャをとろうとする子どもがオモチャに「触れる」と，オモチャをとるのに成功しやすくなる[28]。

(2) 仲間入り

　すでに遊んでいる子どもたちのところに行って，参加の許可をもらうことを**仲間入り**という。許可をもらう際のことばは独特のリズムとイントネーションをもち，また地域によって言い方が異なる。関東で

は「いれて」,関西では「よせて」という。これは他の国ではみられず,日本に独特の現象のようである[20]。仲間入りのしかたは,養育者や保育者によって伝えられる文化なのである。

　仲間入りのしかたは遊び場面や年齢によっても異なっている。「いれて」と言う明瞭な仲間入りは,入園や進級当初よりも,2学期3学期になるほど多くなり,その方略の種類も増える。また,ままごとコーナーや,すべり台,ジャングルジムなど他の遊び場面との区切りがはっきりしている遊び場面や,順番や鬼の役,ゲームの進め方などに決まった順序のあるルール遊び場面では,「いれて」という仲間入りルールによって明確に遊びに参加することが多く,砂場のような,相手の邪魔をしなければ誰でも近寄ることができるオープンスペースでの遊びでは,明確な仲間入り行動はみられず,相手の活動に関連した行動をすることによって(たとえば砂や水を持っていくなど)遊びに参加する[29]。

【参考書】
無藤隆・倉持清美編著 2003『保育実践のフィールド心理学』北大路書房

7 • 秘密を分かち合う関係へ

エピソード 16 「あのね」

　幼稚園の年中さんのリカちゃん（4歳半）には2歳の妹マユちゃんがいます。妹がもっと小さいころは，お母さんが妹を抱いていると，すぐすねて「赤ちゃんだいっきらい」などと言っていましたし，今でも1つしかないオモチャを取りっこして大げんかすることもありますが，ここのところだいぶお姉さんぽくなって妹をかわいがれるようになりました。そのせいか最近では，リカちゃんと妹とお母さんと3人でテーブルを囲んで楽しそうにお絵描きをします。そんなとき，ときどき，リカちゃんはお母さんの耳元に口を付けて，こそこそっと何か言ったりします。「あのね，今日モモ組さんのタカちゃんとね，ハム太郎のね……」いわゆる内緒話をするようになったのです。
　リカちゃんはまた，お友だちに「特別な」気持ちを込めて，何かをあげたりするようにもなりました。このあいだは仲良しのマリアちゃんに，葉っぱをあげました。リカちゃんとしては大好きなマリアちゃんに思いを込めて葉っぱをあげたのです。それなのに，マリアちゃんはユキちゃんにその葉っぱをあげてしまいました。それを見て，リカちゃんはとても悲しい気持ちになりました。大人から見たらただの葉っぱですが，リカちゃんにとっては大好きなマリアちゃんに気持ちを込めてあげた特別な葉っぱなのです。いわゆる仲良しのしるしです。
　このように4歳ころになると内緒話をしたり特別なプレゼントをしたりするようになりますが，それをお互いの秘密にするという自覚はありません。むしろ，そういった行為そのものを楽しみます。やがて，秘密にすることへの自覚が芽生えてくるようになると，本当の秘密になっていきます。つまり，あることを知っているのは自分たちだけで，他の人には教えないことを約束したりします。こうして仲良しグループが誕生します。仲良しグループは，ある特定のメンバーが特別な絆で結ばれているグループです。仲良しグループは，小学校以降に目立ってきます。
　リカちゃんがお母さんと妹と3人で遊べるようになったのも，家族という仲良しグループを意識してのことでしょう。お父さん，お母さん，自分，マユちゃんは大事な家族のメンバーであって，それ以外の人は家族ではないことの意識の芽生えなのです。でも，リカちゃんの内緒話の内容は実に他愛もないもので，誰かを仲間外れにしようというものではありません。実際，お母さんがマユちゃんも内緒話に入れてあげようと耳打ちしようとすると，リカちゃんもすぐにおもしろがってマユちゃんの耳元に口を付け，こそこそっと何か言いました。でもマユちゃんは，くすぐったそうに首をすくめて両手で耳をふさいでしまいました。マユちゃんにはまだ内緒話は無理なようですね。

解 説

(1) 他者に心を見せないとき

　他者との関係は，お互いに心を通わせることによってつくられていく。自分の気持ちを伝えたり，他者の気持ちを理解することを積み重ねることで，お互いの心を感じとっていくのである。お互いに気持ちを伝えあうことで，親しさが増していき，関係の絆が深まっていく。

　その一方で，親しい間柄であっても，心を見せないときがある。たとえば，2歳ころになると，母親にいけないと言われていることをわざとすることがあるが[☞心の理論]，親による禁止がわからないからではない。子どもは，母親がしてはいけないと思っていることをわかっているのだが，そのことを母親に隠して，知らないふりをしているのである。このようにして，自分の心を隠すということは，親子のように親しい相手とのかかわりのなかからまず生じてくる。

p.144

(2) 秘密の発達

① 幼児期

　子どもが他者に心を隠そうとすることのあらわれのひとつは，**内緒話**である[30]。ある事柄を**秘密**のこととして内緒話をするようになるのは，おおよそ3歳すぎころからである。3歳2ヵ月のアキくんは，お兄さんが幼稚園に行っているあいだに，内緒で母親とアイスクリームを食べた。夜になって，父親に「ないしょだよ」と，アイスを食べたことをこっそり教えにきたが，そのとき，兄から「あーっ，なになに？」と聞かれるや否や，「アイス食べたもんね」と言ってしまった[31]。3歳くらいでは，内緒話をするような秘密をもってはいるものの，それを隠し通すことはなかなか難しい。秘密をもつことに自覚的というよりも，内緒話をするという行為

（奥：2歳，女児。手前：5歳，男児）
部屋の隅に陣取って，2人で仲良く顔を寄せて遊ぶ。

第2章　人や物とかかわる──関係　　65

そのものを楽しんでいる。うそをつく行動もこの時期に芽生えてくるが[32]，うそをついている意識はほとんどみられない[33]。

② 就学前期
　4歳すぎころになると，なかなか秘密を打ち明けないようになってくる。4歳2ヵ月のトモちゃんは，幼稚園でお友だちとけんかをして泣いてしまった。母親が迎えに来たときに，ことの顛末が園の先生から母親に伝えられた。その日の帰り道，母親とトモちゃんは，自転車に乗って祖母のうちに向かった。その道中，トモちゃんは「おばあちゃんには言わないでね」と，何度も母親に念を押したのである。秘密は，たとえば家族のような親密な間柄のなかで共有される。

　年齢が上がるにつれて，家族だけではなく，友だちとも秘密を分かち合うようになる。5歳8ヵ月のヤスコちゃんは，仲良しの友だちと幼稚園の送迎バスに乗って登園している。あるとき，友だちがバスを降りるときに，ドアに軽く指を挟んで泣きべそをかいてしまった。友だちはヤスコちゃんに「他の子にはぜったい言わないで」と言った。ヤスコちゃんはいまだにその約束を守って，園の友だちの誰にも言っていないことに，誇りをもっている。秘密を分かち合うことは特別の間柄であることをあらわし，秘密を守ることが仲間関係のなかで求められるようになっていく［☞仲間関係］。

p.56

③ 学童期以降
　学童期以降においては，秘密を共有し守ることが，**ギャングエイジ**（ギャンググループ）と呼ばれる仲間集団における大事な約束事になる。年齢が上がるにつれて，秘密をもつことや共有することに自覚的になる。そうした自覚によって，秘密を共有する関係はますます親密さを増し，秘密を打ち明けない関係とは区別されていくのである。他者に対して心を見せたり見せなかったりすることを通して，関係の質に濃淡をつけ，人間関係の幅を広げていくのである。

【参考書】
松田惺（編）（1991）『新・児童心理学講座12　家族関係と子ども』金子書房

エピソード 17　小さい子をいたわる気持ち

　3歳になったばかりのリョウくんが，お正月休みにおばあちゃんのうちに遊びに行ったときのことです。おばあちゃんの家には，リョウくんのいとこで，ちょうど1歳のコウタくんも遊びに来ていました。リョウくんとコウタくんが長い時間一緒にいるのはこれがはじめてで，大人たちは2人がどんなやりとりをするのか，興味津々で見守っていました。

　コウタくんは，いろんなものに興味があり，おもしろそうなものがあると一目散に駆けつけます。一方リョウくんは反抗期の真っ只中で，大人が何を言っても「やーだね」と言ったり，口をとがらせてぶーっとつばを吹きかける真似をしたりします。そんな2人なので，正直，まわりの大人たちはどうなることやらとやきもきしていました。しかし大人たちの心配をよそに，2人は仲良く遊んでいます。コウタくんがリョウくんの使っているオモチャに触ったりすると，はじめはいい顔をしないのですが，特に抵抗することもなく使うのを許しています。同じくらいの年齢の子どもが相手だったら，抵抗したり，貸さなかったりするだろうと思うのですが，年下のコウタくんに対してはそんなことはせずに，やさしく接しています。オモチャの使い方を教えてあげたり，危ないことをしたら守ろうとしたり，大人にコウタくんの危険を教えたりしていました。

　リョウくんがコウタくんに示したような，年下の子どもに対してみせるやさしさは，リョウくんだけではなく，他の子どもにもみられることです。心理学では，このような傾向を「養護性」と呼んでいます。「養護」ということばは，発達しつつある相手をサポートすることによって，その発達を促すことをいいます。相手に共感して何らかの手助けを行なうこと，たとえば赤ちゃんの泣き声を聞いて，「どうして泣いているのかな。大丈夫かな」と気遣うこと，しおれかけた草花に「かわいそうに」と言いながら水をやること，これらも養護性のあらわれであるといえます。この養護性は，普通は年下のものや弱いものに向けられますが，同年齢や年上の人が，弱っていると思えば，小さな子どもでもその人たちに養護的な行動をします。養護性は単なる思いやりではなくて，リョウくんがコウタくんにオモチャの使い方を親切に教えてあげたり，危険から守ろうとしたように，相手の発達を促すという点に特徴があります。大げさにいうなら，相手の発達のお手伝いをしているのです。

　リョウくんも発達（人生）の先輩として，コウタくんのお世話をしたのです。実はリョウくん，2月にお兄ちゃんになることがわかっています。きょうだいの場合はまた違うかもしれませんが，心の準備にはなったのかなと思います。

💡 もう少し深く学びたい人のために──異年齢の関係

保育所や幼稚園では異年齢の子どもを混ぜた保育を実施しているところも多く，縦割り保育と呼んでいる。異年齢の関係は子どもにとって，同年齢の関係とは異なる意味がある。

まず，年長と年中，年少のあいだには，「あこがれ‐あこがれられる関係」がある[34]。それは幼稚園（保育所）の先生たちが，上級生の子どもたちの上級生らしさを強調することによって維持される。たとえば，下級生と上級生が同席する場で，「さすが〜組さん」「〜組さんらしく」ということばを繰り返し使うことによって，上級生らしさを，上級生だけでなく下級生にも示すことができる。そのことによって，上級生は上級生らしく振る舞うようになり，下級生には「ああなりたい（かくありたい）」気持ちが芽生えてくる。

また異年齢（縦割り）保育の活動を通して，子どもたちはどの年齢においても，互いに刺激しあい，年齢の枠にとらわれず声かけができるようになる[35]。年長の子はきょうだいのいる・いないにかかわらず，年下の子にかかわり世話をすることができ，年下の子も年上の子に世話されることを喜ぶ。エピソード17にもあらわれていた，年上の子が年下の子にみせるいたわりは**養護性**と呼ばれ，[☞ 3歳児神話と母性神話] やさしさや思いやりと関連する発達の重要な側面のひとつである。

p.47

しかし，異年齢の関係には，上記のようなプラスの側面だけではなく，マイナスの側面もある。たとえば，きょうだいのあいだでも，上の子が下の子にいじわるをしたり，叩いたりということはよくみられることである。同じようなことを異年齢の仲間関係においてもみることができる。

同年齢の子とは仲良く遊べてオモチャの貸し借りができるのに，年下の子には遊びの参加を拒んだり，オモチャを貸すことができないことがある。これは，同年齢の子とは遊びのイメージを共有できるのに対して，年下の子はまだそのようなイメージを共有できないので，自分たちの遊びを壊す存在だと見てしまうためであると考えられる。

（左：4歳，女児。右：生後29日，男児）生まれて間もない赤ちゃんをかまいたくてしかたがないお姉ちゃん。

またかわいがったり，やさしくしようと思う気持ちが強すぎて，歩いたりハイハイができる子どもに対しても膝の上にのせるなど世話をやきすぎたり，悪いことでも許してしまったり，年齢によって力や行動のペースが違うために一緒に行動するのが負担になってしまう場合もある[35]。もちろん，マイナスの側面を経験すべきではないということではない。むしろマイナスの側面を経験することが，子どもの発達をプラスの方向に導くこともある。

このような異年齢のかかわりを通して子どもたちは，自分の近い未来をイメージしたり，小さいものへのいたわりの気持ち，かかわり方などを学んでいく。少子化によって異年齢の仲間との関係がもちにくくなったといわれるなか，積極的に異年齢集団でのかかわりの機会を作ることも，子どもたちの発達にとって重要なことである。

【参考書】

フォーゲル，A.D.・メルソンG.F./マカルピン美鈴（訳）(1989)「子どもの養護性の発達」小嶋秀夫（編）『乳幼児の社会的世界』有斐閣

8 • 役割取得の発達

エピソード 18　子どもはよき観察者

　以前，アメリカの幼稚園を訪ねたときにこんな体験をしました。私は３，４歳児クラスの中に入って子どもたちと遊んでいました。はじめ子どもたちは私のことを自分たちのクラスの先生と同等の立場であると考えたのか，「ティーチャー（teacher）」と呼んでくれていました。しかし，何回か彼らとやりとりをするうちに，彼らの態度に変化がみられました。「ティーチャー」とは呼ばずに，何か用があると，何も言わず用のあるところまで私の手を引いていってくれるのです。この変化は，何回か私とやりとりをしているあいだに，子どもたちが「こいつはどうも僕らの言うことがよくわからないらしい」ということを察したためなのではないかと思われます。正直に言って，私の英語は堪能とは程遠いレベルですので，子どものことばの半分かそれ以下しか理解できません。もしかしたら質問の内容を取り違えて，不適切な答えを返していたのかもしれません。そういったやりとりのなかで，はじめは体が大きく年をとっているというだけで，先生と同じ立場で扱ってくれていたのが，やりとりするうちに立場が逆転して，子どもたちが私に教えてくれるようになったのです。往生際の悪い私はそれでも大人のふりをしようとしていたのですが，だめでした。本当に子どもはよく見ているのです。

　このくらいの年齢になると，子どもは他者との関係のなかで自分がどのような役割をとるのかについて理解できるようになってきます。親との関係のなかでは，世話される立場ですが，ままごと遊びで自分がお母さん役をしているときには世話をする立場になることができ，それらしく振舞えるのです。子どもが自分と他者の関係を見きわめて自分がとるべき行動がわかるのは，子どものするどい観察眼が関係しています。

　子どもはときどき大人がドキッとするようなことをします。お父さんそっくりのしぐさをしたり，お母さんと同じような口調できょうだいをしかるなど，大人の何気ない行動の真似をするのです。いつ見ているんだろうと思うのですが，いつの間にか大人そっくりのことをしているのです。子どもはわかっていないようで，実は大人のことをよく見ているのです。大人はそんな子どもの行動によって，自分の行動を省みることができます。私も子どもには，だましだましの英語は通用しないなと反省しました。

解説

(1) 役割取得とは

　子どもたちは，状況によってさまざまな役割を演じながら日々を過ごしている。家族といるときは娘や息子であり，幼稚園・保育所では園児であり，また家族が増えれば兄や姉となる［☞関係の移行］。その役割を認識することによって，他者からどう振る舞うことを期待されているか，自分はどう振る舞うべきかを理解することができる。

　役割取得とは，自己と他者の視点の違いを意識して，他者の見方や感情を推測し，自分に期待されている役割がどのようなものかを知る能力をいう。役割取得ができれば，自分の行動を他者の期待に沿って調整できるので，他者との相互交渉がスムーズになる。

(2) 役割取得の発達

　子どもに物語を聞かせて，その状況や登場人物の感情などをどのくらい推測できるか面接によって調べてみると，自分の視点しかとれない状態から，自己と他者の視点が分化していき，しだいに他者の存在を理解し，他者の気持ちや見方が自分のそれとは異なるということを理解するようになることがわかる[36]。このように，複雑な他者の内面理解［☞心の理論］が可能になるのは児童期になってからで，幼児は自分の視点と他者の視点の違いを意識することが難しい［☞ピアジェの発達理論2　自己中心性］。しかし，乳幼児期にも，役割取得の芽生えをみることができる。

　子どもは，生後8ヵ月くらいから他者の真似をするようになる［☞模倣］。しかしこの時期の子どもの模倣は他者を模倣しているという自覚がなく，自分と他者とが区別されずに一体化している。1歳の後半から2歳の後半にかけて，模倣する人（自分）と模倣される人（他者）が分離して，意図的に他者の行為を再現することを楽しむようになり，さらに単なる他者の行為の模倣から他者の役割を演じることへと興味が移っていく[37]。自分の茶わんではなくお父さんの茶わんでごはんを食べたがったり，大人のスリッパをはいてみたりというの

も，"お父さん"や"おとな"の気分を味う（他者の役割を演じることを楽しむ）ことの表われであるといえる。

　ふり遊びのなかにも，自己と他者の分化をみることができる。初期のふり遊びは，寝たふりなど自らの行為のふりであるが，やがて人形にその行為をさせるようになり，2歳くらいまでに人形があたかも意志をもつかのように動かすようになる。このように行為を自己から人形に移すことは，他者の視点を意識しはじめたことを示している。実際，2歳くらいになると，子どもは他者とのかかわりのなかで自分と他者のイメージを形成し，他者の期待にもとづいてそれに応える行動をするようになる[38]。

　自己と他者についての理解は，集団によるふり遊びともいえるごっこ遊びでさらに発展する。ごっこ遊びでは，他者の役割を演じることが必要である。ままごとをしていて，お母さん役やお父さん役，赤ちゃん役ができるのは，それぞれがどんな立ち居振舞いをするか，どんな声色かなど，その役割や特徴を理解しているからである。さらに，ごっこ遊びが成立するためには，子どもたちのあいだに役割分担についての相互了解がなければならない。ままごとでみんながお母さん役をしていては，ごっこ遊びにならない。またお母さん役はずっとお母さんでなければならず，お母さんが突然赤ちゃんになってしまっては困る。4，5歳になれば，役割についての一貫性が保たれるようになり，役割を交代するときも明確に宣言して行なわれるようになる[24]。

　このようなプロセスを通して，子どもはしだいに他者の心を理解し，自分に期待された振る舞いができるようになっていく。

【参考書】
岩立京子（2003）「道徳性の芽生え」無藤隆・岩立京子（編著）『乳幼児心理学』北大路書房

🖫 こぼれ話

"男性"保育者の役割とは

　最近,保育の現場で男性保育者の姿を見かけることが多くなりました。しかし全体からみればその数は1％にも満たないので,まだまだ少ないというのが現状です。性別を示さなくなった"保育者"ということばにわざわざ"男性"をつけるのには,どのような意味があるのでしょうか。

　保育現場での男性保育者へのニーズは高いようですが,その役割についての考えは,保育の場に両性がいるのが自然であり,その存在自体に意味があるという意見や,男性ならではの子どもへの関わり（身体を使ったダイナミックな遊びなど）を期待する意見など,とくに性と役割をどのように考えるのかという点でさまざまなものがあるようです。

　男性が保育の世界に入るまで,保育においてなにか欠けていたものがあるのか（たとえば男性的な遊びの要素がまったくなかったのか）というと,そうではないはずです。男性が入ることによって,園の雰囲気や子ども,保護者の様子には変化があるかもしれませんが,保育の内容や保育者の役割そのものが大きく変わる（変える）ことはないのではないでしょうか。男女にかかわらず自分の性を意識（自覚）して保育に望むことは大切なことですが,無理やりに性に結びついた役割を担わなければならないということではないと思います。"男性"保育者の役割を考えることが,そもそも保育者の役割とはなにかを考えることのきっかけになるのではと思います。　　　　〔菅野幸恵〕

9・ジェンダー

エピソード 19　立ちション?!

　保育園のトイレでの出来事です。娘のハルナ（2歳7ヵ月）は，いつものように，パンツとズボンを脱ぎトイレへ。でも，そのときは，なぜか男の子用のトイレの前に立ったのです。すると，年長の男の子が，「違うよ，それ，男の子のトイレだよ」と娘に教えてくれました。ところが，そう言われても，娘は頑固にそこに立ったまま。ついに，わーっと大泣きです。ハルナにとって，何がそんなにショックだったのでしょう。

　この時期，ハルナはまだ，男の子／女の子の区別，つまり性別というものがあるということをわかっていませんでした。だから，自分が女の子で，男の子用のトイレを使うべきではないということが理解できなかったのです。それで，なぜだかわからないのに否定されたような気がしたのかもしれません。

　ところで，男／女の性別があること，そして自分がそのどちらなのかを知るのは，2歳から3歳半ごろといわれています。娘もまさにこの時期にいました。実際，性別そのものはまだ理解できていませんでしたが，娘はこのころおもしろいことを言っていました。自分や自分のまわりの人を「赤」と「青」に分けるのです。「ハルナは赤，お母さんも赤，お父さんは青。カイくん（お友だちの男の子）は青，ユウカちゃん（お友だちの女の子）は赤」という具合です。その赤と青への分け方は，まさに女の子（人）／男の子（人）を分けるものでした。なぜ赤と青に分けたのかはわかりませんが，おそらく，自分やお友だちの服や靴の色などを手がかりにしていたのでしょう。もちろん，男の子でも赤っぽい服を着ることもあれば，女の子でも青っぽい服を着ることもあります。にもかかわらず，かなり正確に赤（女）と青（男）に振り分けていたことを考えると，子どもの観察力，そして観察したことを総合的に理解する力には本当に驚かされます。性別とは，身体の違いで判断するものと思いがちです。しかし，子どもたちは，「おちんちん」があるかないか（つまり，身体の違い）の性別判断ができるようになる前から，ある人を取り囲む雰囲気全体を見て，その人の社会的な性別を感じとっているのです。

　さて，大泣きをしたハルナでしたが，数日後，再度，男の子用トイレに立ってみます。そのときは誰にも気づかれず（先生は気づかないふり），はじめて「立ちション」に成功したのでした。しかも，見事（？）に成し遂げたそうで，さぞ，満足したことでしょう。

お姉ちゃんのワンピースを着て大はしゃぎの男の子

解説

(1) ジェンダーとは

　人には，男女という生物学的な性別，セックスがあるが，それぞれのセックスに対して，どのような行動やパーソナリティがふさわしいと考えられるかは，社会や文化，時代によって異なっている。そこでこのように社会的・文化的に形成される性差をセックスとは区別して，ジェンダーという。ジェンダーは，生まれ落ちた文化や社会のなかでずっと過ごしてきたあいだに身についたもの，あるいは，身につけることを期待されてきたものである。

　たとえば，友人の子どもに何かプレゼントをしようと思うとき，どんな基準で選ぶだろうか。生まれたばかりの赤ちゃんか，もうすぐ小学校に上がるくらいの子どもかなど，当然子どもの年齢を考慮するが，それと同時に，子どもの性別も考えるだろう。男の子だったら電車や車のオモチャ，女の子だったらぬいぐるみや人形をプレゼントしようと思うかもしれない。親や大人は，それほど強く意識していなくても，着る服，与えるオモチャ，髪型，ちょっとしたことば遣いや振る舞いなどについて，男の子を男の子として，女の子を女の子として扱う。このような経験を通して，子どもたちは，自分の性別に気づき，性別にふさわしいとされている行動やパーソナリティを身につけていくことになる。

(2) 他者の性別への気づき

　子どもたちは，いつごろから，人には男女という性別があり，自分がそのどちらかだということに気づくのだろうか。周囲の大人の性別については，子どもはかなり早い時期から区別している。生後8ヵ月時点で，赤ちゃんは，人の顔の性別を区別できるようである。もちろん，赤ちゃんが男女の生物学的な違いや文化的な意味を理解しているわけではなく，母親の顔に似ている顔と似ていない顔という意味で区別しているのだろう。8ヵ月といえば，ちょうどひとみしりの時期である［☞ひとみしり］。ひとみしりする赤ちゃんが，女の人には愛想

p.44

よく振る舞っていても，男の人を見ると泣き出すという話をよく耳にする。これは，赤ちゃんが，母親の顔と似ていない顔を区別できることを示している[39]。

(3) 自分の性への気づき

　子どもは，1〜2歳ごろまで，自分の性別を意識しないといわれている。むしろ，この時期の振る舞いについては，男の子も女の子も，女らしく見えることが多い。これは，子どもが母親など女性と接する時間が長いため，子どもが模倣する対象となりやすいからである。おしゃべりがはじまった2歳くらいの男の子が，「ワタチも！」とか「〜よねぇ」と女ことばを使い始め，母親をあわてさせることがある。
　2歳をすぎると，自分が男なのか女なのかわかるようになり，3〜4歳ごろにはその性が大人になっても変化しないこと——男の子は男の人，女の子は女の人になる——こともわかるようになる。この時期，

（2歳2ヵ月，女児）　　　　　（10ヵ月，男児）
男の子と女の子の文化的な違い。スカートをはいて，髪を結い，人形を抱えている女児。青や緑の色の洋服で，髪を短く切り，車のおもちゃで運ぶ男児。

男の子は年長児の真似をして「オレ」と言い始めたり，女の子はスカートをはきたがったりする。また，この時期の子どもをほめるときには，男の子に対しては「かっこいいね」，女の子には「かわいいね」と言わないと，子どもの機嫌を損ねてしまうこともある。

　このように，男の子が男の子らしく，女の子が女の子らしく振る舞うようになるのは，親や大人の**性役割期待**が大きくかかわっている。性役割期待とは，性差を特徴づけるとされている行動やパーソナリティ（性役割）を自覚的，あるいは，無自覚に相手に期待することである。子どもは，親や大人の性役割期待を感じとり，その役割を取得しようとして，あるいは，取得すべきだと感じて，男の子らしく／女の子らしくなっていくのである［☞役割取得の発達][40]。

(4) 友だちの性別

　子どもたちは，自分の性別が男，あるいは，女だとわかっていても，3〜4歳ごろまでは男女入り交じって遊ぶことが多い。5〜6歳になると，男の子は男の子の好む遊び（車のオモチャやプロレスごっこなど）を，女の子は女の子との好む遊び（ままごとやお絵描きなど）をすることが多くなり，自然と同性の友だちと遊ぶ機会が増える。しかし，異性に対してそれほど排他的ではなく，遊びが楽しそうであれば，あるいは，気が合う友だち同士であれば，男女で遊ぶこともある。異性に対して排他的になったり，男の子同士だから女の子同士だからといって遊びの相手を選ぶようになるのは，小学校に入ってからである。

【参考書】
ゴロンボク，S.・フィバッシュ，R.／小林芳郎・瀧野揚三（訳）(1997)『ジェンダーの発達心理学』田研出版
青野篤子・森永康子・土肥伊都子（1999）『ジェンダーの心理学』ミネルヴァ書房

10・親子関係の理解の発達

エピソード20　アヒルの子はアヒル？　それともヒヨコ？

　先だって幼稚園で，子どもたち（4歳児と5歳児）にあるお話を聞いてもらい，いくつかの質問に答えてもらいました。お話の内容と質問は次のとおりです。

　むかしむかし，大きな小屋と池のある農場がありました。池のほとりにはアヒルの家族が住んでいました。ある日の夜，事件が起きました。アヒルのお母さんは，巣の中であたためていた卵を外に転がしてしまったのです！　次の朝，農場のおじさんがやってきて，その卵をニワトリの巣の中に入れてしまいました。ニワトリのお母さんは，アヒルの卵と自分が産んだ卵とを一緒にあたためました。そして，卵から生まれたニワトリの赤ちゃんもアヒルの赤ちゃんもみんな一緒に育てました。子どもたちはみんな一緒に大きくなり，とても幸せな生活を送りました。さて，ここで質問です。「大きくなったアヒルさんはだれに似てるかな？」「それはどうして？」

　子どもたちは何と答えたでしょうか。答えは実にさまざまでしたが，大きくなったアヒルさんはアヒルのお母さんに似ている，なぜなら同じくちばしがあるからというのが大半でした。なかには，ニワトリに似ている，なぜならやさしいニワトリと同じやさしいアヒルになったからとお話してくれた子どもも何人かいました。

　子どもは，「親」をどのようにとらえているのでしょうか。なぜある特定の大人を自分の親だと思うのでしょうか。この子どもの親への意識を調べるために，先に述べたお話と質問を試みたのです。子どもは4，5歳になると，親と外見的に似せようとしたり，親のように振る舞ったりします。お母さんがお化粧するのを見てお化粧したがったり，お父さんのサンダルをはいて出かけたがったりしますよね。子どもが自分を親と同じように見なすことを「同一化（同一視）」と言います。親と自分の同じような部分を探すことで親の存在を意識するといえます。このとき質問に答えてくれた子どもたちも，くちばしのような外見であれ，やさしさといった内面性であれ，親子の似ているところを熱心に探してお話してくれました。

　それにしても，二十数名一同に集めて質問をすると，皆一度に手をあげるんですね。だからといって，みんながあらかじめ答えを用意しているわけでもなさそうでした。自分の名前を呼ばれてから答えを考える子が大半でしたから。

解説

　幼稚園・保育所で子ども同士の会話を聞いていると,「ママがね」「パパがね」と,何気なく親が登場してくる。たとえば,登園してきたとたん,保育者に「パパとハム太郎（の映画）見に行ったの」と話しかけたり,自分の髪型を自慢気に見せながら「ママがやってくれたの」と言ったりする。そのとき,親のことが話題になっていたわけでもないのに,また,幼稚園・保育所で子ども同士や保育者と楽しく遊んでいて親を後追いしているふうでもないのに,子どもは何気なく親のことを話したりする。

　子どもは,親子のつながりをどのように理解しているのだろうか。

(1) 生物学的親と心理学的親

　子育てしている母親を見ると,当然その子どもを出産して育てているのだと思うのが普通である。私たちは,その子どもを出産した親（**生物学的親**）と,育てている親（**心理学的親**）を一体のものと見なしている。しかし養子の場合を考えてみればわかるように,生物学的な親と,育てる親とは必ずしも一致しない。一口に親といっても,生物学的なつながりという側面と,心のつながりという側面があって,両者が一致していることが多いにすぎない。子どもは,親子のつながりについての2つの側面の理解を,発達と共にしだいに深めていく[4]。

① 心理学的親への理解

　子どもは生まれたときから,日常生活でのさまざまなやりとりを通して,親子のあいだで気持ちの交流を積み重ねていく。そうした積み重ねによって,親子の情緒的な絆（愛着）が形成される［☞愛着］。ただし,親子が気持ちを交流しあう関係にあることを子どもがことばで表現できるようになるのは,4,5歳になってからである[41]。

　4歳児と5歳児に次のような物語を聞かせてみた。主人公の子どもには,生みの親とは別に育ての親がいて,赤ちゃんのときから育ての親と仲良く暮らしているが,年に一度の誕生日のときには生みの親にも会って楽しく過ごすという物語である。この物語を聞かせた後,主

p.38

人公の子どもは，どちらの親のほうをより好きかと尋ねると，4歳児5歳児とも，育ての親のほうを好きになると答えた。なぜ育ての親を好きなのかという質問には，ご飯を食べさせてくれたり遊んでくれたりするから，といった日常の出来事を理由にあげた。4，5歳児は，親子を，ともに生活するなかでの体験を通して情愛を育む間柄であると理解しているようである。

② 生物学的親としての理解

学童期に入ると，親子の生物学的な関係についても理解するようになる。たとえば，背の高さや体型（その他，髪の色，目の色，肌の色など）の身体的な特徴は，生物学的な親子では似ているということがわかるようになる[42]。身体的な特徴は遺伝によって継承されるため，親子間に類似性が生じるということが理解できるようになるのである[43]。

子どもは親子のつながりを，まずは愛着関係にもとづいた育てる-育てられる関係として理解する。その後，生物学的な関係にあるものとしても親子を理解できるようになっていくのである。

(2) 親子関係の理解とアイデンティティの形成

近年，親子のあり方が多様化してきている。たとえば，養子縁組や生殖医療の進歩による代理母があり，シングルマザーやシングルファーザーもめずらしくなくなってきている。血のつながった親子に限らず，親子のあり方が多様になることは，子どもに複雑な気持ちを起こさせる可能性を増大させている。特に，子どもがアイデンティティを形成していく過程で，そうした親子の多様化の影響が浮き彫りになってくる。

アイデンティティ形成とは，自分とは何者かに答えを見いだそうとする心のはたらきで，特に青年期に強くなる［☞発達の原理］[44]。アイデンティティ形成には，自分のルーツを知りたいと思う子どもの心の動きが伴う。幼いころに生みの親と別れて他人に引き取られた子どもが，ある年齢になって育ての親から事実を聞かされたり，ふとした機会に今の親は自分を産んだ親ではないと知り，実の親を求めて苦難の

旅をするのは，物語や映画のおなじみのテーマである。現実にも，そういう子どもの実の親に会いたい気持ちには切実なものがあるだろう。これは，親を自身の存在の根源(ルーツ)としてとらえていることの重要性をうかがわせる[45]。

　青年期は，親を自身の存在のルーツとしてとらえることで，親と自分の関係を意識する時期である。親子とは血縁の関係でもあるということが子どものなかで強く意識されていく。自分は本当にこの親の子どもなのかと疑いを感じたり，自分が親に似ていることに否定的な気持ちになって親に反発を感じたりする。子どもがアイデンティティを形成してゆくことと，自身の存在の根源的なところで親子のつながりを理解することとは，相互に関連しあっている。

【参考書】
柏木恵子（2003）『家族心理学——社会変動・発達・ジェンダーの視点』東京大学出版会

第3章
自分に気づく

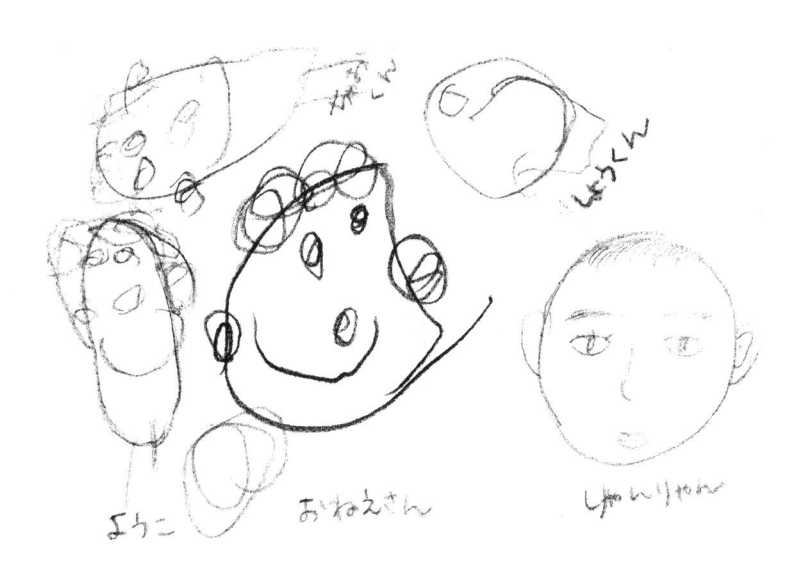

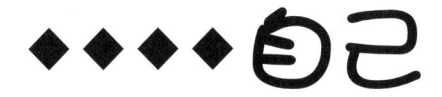

◆◆◆◆自己

（3歳，男児）家族と，いつもビデオをもって家にやってくる観察者の絵を描いた。自分の顔はうまく描けないようで，お母さんに描いてもらった（右下，しゃんりゃん）。文字もお母さんに書いてもらった（ちゃおくん＝父，ようこ＝母，しょうくん＝弟，おねえさん＝観察者）。

1・自己の発達

エピソード21　赤ちゃん時代の指しゃぶり

　息子のシュントは，もうすぐ5ヵ月。このごろ指しゃぶりに夢中です。手を口に突っ込み，チュッチュッ，チュッチュッとやっています。じゃんけんのパーのかたちで手を口へ持っていき，人差し指をしゃぶり，そのうち中指も一緒にしゃぶり，さらに薬指まで……。口に入れてもらえなかった小指が鼻の穴にひっかかってしまうこともあります。あるいは，手をグーのまま口へ入れ，突っ込みすぎてオエッとむせてしまうこともあります。

　私は，こんな赤ちゃんの指しゃぶりを眺めるのが大好きです。自分の手や指，口なのに，いかにも不器用そうに口まで持っていくしぐさや，チュッチュッとやっているときの満足そうな表情……。見飽きることがありません。

　ところで，指しゃぶりというと，出っ歯になるとか親の愛情不足が原因など，悪いことのように言われることがありますが，赤ちゃん時代の指しゃぶりはむしろ大事な経験です。この時期の赤ちゃんは，どこまでが自分で，どこからが他者や物なのかもまだわかりません。もしかしたら，おかあさんのオッパイを「自分」だと思っているかもしれないし，自分の手や足なのに「他者」のものと思っているかもしれないのです。皮膚より内側が「自分」だということをまだ知らないのです。そこで，指をしゃぶったりオモチャをしゃぶったりしながら，生まれてきた世界を，そして，自分の身体をせっせと探索しているのです。

　右手で左手を触ってみてください。次に，どちらかの手でそこにある机でも本でも何でもいいので触ってみてください。右手で左手を触った場合，右手は「触る感覚」を感じます。同時に左手では「触られる感覚」を感じます。ところが，机など物や，あるいは，他者を触った場合，「触る感覚」だけしかありません。「触る感覚」と「触られる感覚」を同時に感じられるのが「自分」で，どちらか一方しか感じないのが物や他者です。赤ちゃんは，指しゃぶりを通して，「触る感覚」と「触られる感覚」が同時に生じるものとそうでないものを区別しようとしているのです。チュッチュッ，チュッチュッとよだれをたらしている顔を見ると，とてもそんなふうには思えないのですが，これでも「ボク」「ワタシ」を探索中なのですね。

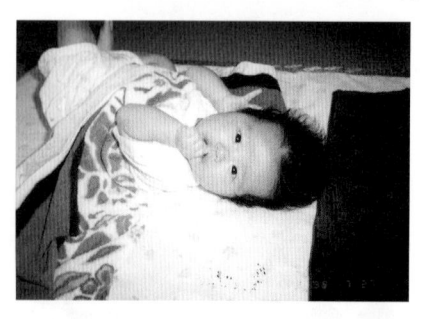

エピソード22　ボクの責任?!

　1歳10ヵ月のタロウくんに，お母さんが「ママは用事があるからひとりで遊んでて」と言うと，タロウくんは「ん，ん」とドアを指さして，あちらの方に行きたいと主張しました。お母さんが「だめだめ，あとで」，タロウくん「ん，ん」が続いた後，とうとうひっくり返って大泣きとなりました。お母さんが根負けして，一緒に向こうの部屋まで行き，しばらく2人で家の中をぐるぐる歩くと，タロウくんはもうすっかりご機嫌です。

　これをしたい，これが欲しいという子どもの要求は，生後1年ころになると，指をさすなど身振り（ジェスチャー）を使って表現されます。子どもは，お母さんが自分の要求や気持ちを理解してくれていることを十分にわかっています。でも，お母さんでも，子どもの要求をいつもいつもうまくとらえられるとは限りません。時には間違えることもあります。「ん，ん」と子どもが指さす方向にバナナがあるからバナナを渡すと，それを放って泣きわめきます。あれ？　バナナじゃないの？？？　こんなとき，子どもがジェスチャーだけでなくことばも使えるようになると，ボクの欲しいのはバナナじゃなくて，そっちにあるリンゴだよと伝えることができます。まわりの大人からすると，要求がはっきりしてきた分，子どもの気持ちを以前よりももっと的確につかめるようになります。

　でも，子どもの要求がはっきりとわかっても，それを実現してあげられないことも出てきます。タロウくんは電気コードが大好きです。長くて白いコードを見ると，ついかじってしまいます。そのとたんにお母さんから「ダメよ」と怒られます。危険なことは当然させてもらえません。でも，タロウくんは白いコードを触りたいんです。

　ところが，この時期，ただただ要求を主張しているわけでもなさそうです。自分と他者の要求が異なる場合，子どもの側から折り合いをつける様子もみられます。タロウくんは，食事のときにお母さんがパンを出すと，それをはね飛ばし不機嫌になりました（タロウくんはご飯が好き）。でも，お母さんが「ごめんね，今日はご飯ないの，パンで我慢して」と言って，からのおかまを見せると，「うん」と納得して，自分が投げたパンを拾って食べたそうです。自己への責任を感じ始めるのも，このころなのです。

第3章　自分に気づく——自己

解説

(1) 乳幼児の自己感

　生後数ヵ月の乳児と接していると，大人の反応を期待しているかのように感じられることがある。それは，授乳や着替え，沐浴などの日常のさまざまなシーンで感じとれる。生後間もないときは，ときどきふと感じられる程度であるが，日がたつにつれて，ますます乳児が大人のはたらきかけを期待している（待っている）と感じられてくる。
　たとえば，生後間もないころの着替えを例にあげてみよう。着替えさせるのに慣れないうちは，養育者とはいっても，なかなか手際よくできないものである。しかし，日に何度も同じような手順で着替えを繰り返していくと，袖を通そうと乳児の腕を持つと，乳児のほうから腕を真横に勢いよく伸ばしてくれることがある。乳児の腕の動きがたまたまそうだったのかもしれないが，大人が乳児の腕を持った瞬間と，乳児が腕を伸ばしたことのタイミングのよさから，乳児が次の動作を期待して振る舞ったかのように感じられるかもしれない。乳児が期待をもっていることは，生後6ヵ月をすぎると，もっとはっきりと伝わってくる。離乳食で，乳児が口を開けて食べ物が入ってくるのを待っているときに，大人がもたもたとしていると，「早くして！」とばかりにテーブルをバンバン叩いて怒ったりする。思わず「ごめんね」と言いたくなるほどの怒りようである。
　これらの例からいえることは，乳児なりに外界とのかかわりに**見通し**をもっているということである。乳児といえども，決してその時々で瞬間的にかかわっているのではなく，養育者のはたらきかけを期待し，予期してかかわっているのである。このように，乳児が外界とのかかわりに見通しをもっていることから，乳児にも**自己**の意識を認めることができる[1]。とはいえ，乳児の自己は，まだ大人の自己意識とは異なる，自己のようなものであることから，**自己感**と呼ばれている。
　乳児の自己感は，一般に自己といわれるものとは，少し性質を異にしている。一般に自己というときは**自己概念**をさすことが多い。たとえば，もしあなたが「自分とは？」と聞かれたら，「私は運動が好き」や「私はパソコンが得意」などと答えるだろう。ここで表現されてい

るのは，自分で自分について意識的に考え，ことばで表現された自分である。ことばで表現される概念的な自己を，自己概念という。

子どもが自分自身を意識できるのは，おおよそ1歳半すぎころであるが，それはまだ，上のような意味での自己概念ではない。やがて2〜3歳になると，子どもは自分が感じていることや自分の考えを，ことばを使って伝えられるようになる。こうして子どもの自己概念は，1歳半から3歳にかけてしだいに形成されてゆく。それでは，出生からはじまる，自己概念の形成に向かう発達のプロセスを見てみよう。

(2) 出生から生後6ヵ月まで

生まれて間もない時期の自己感は，意識とは無関係なもので，身体を通して体験される**身体的自己**である。たとえば指しゃぶりをするなどを通して，乳児は，自分の動作と身体で感じる感覚とを結びつけていく。自分で自分の身体を触っているときには，乳児は，触る感覚（**外部知覚**）と触られる感覚（**固有知覚**）を感じる。ところが，他の人や物を触ったときには，触る感覚しか生じない。生後数ヵ月間のあいだにこのような経験を積み重ねていき，乳児なりに，指しゃぶりをしたときはこんな感じがするだろう（触る感覚と触られる感覚がする

（7ヵ月，女児）手の形をグーにして指（？）しゃぶり

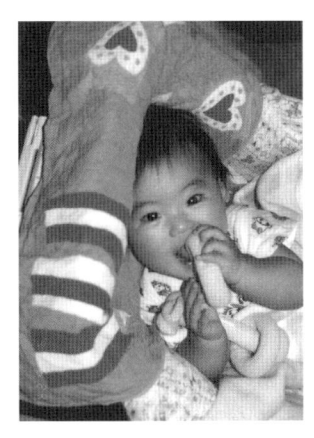

（8ヵ月，女児）ガラガラのおもちゃをハグハグおしゃぶり。

だろう）という見通しをもつ。また，他の人に触ったときはこんな感じがするだろう（触る感覚だけするだろう）という見通しをもつようになっていく。生後2ヵ月ごろまでのあいだに，身体の感覚にもとづきつつ，外界とのかかわりに見通しをもつようになる。

　生後2ヵ月から6ヵ月ころになると，それぞれの感覚の違いから，乳児自身の身体と養育者の身体がまったく別であることに気づくようになる。この気づきによって，身体的に別の存在としての自分と他者という見通しがもてるようになる。

(3) 生後7～15ヵ月

　最初の誕生日を迎えるころになると，乳児は他者も自分と同じように心のなかでいろいろと感じたり，考えたりすることに気づいていく。乳児の身体と養育者の身体が別々なことに気づいた乳児は，この時期になると，身体によって表現された行動の背後に，心の世界があることに気づくようになったのである。乳児は，お母さん（お父さん）はどんな気持ちでいるのかということに興味を抱き，こういう場合お母さんはこんな気持ちなのだろうと見通しをもつようになる。お母さんが指をさすのは，あっちの方に見せたいものがあるからだというように。そして，乳児が興味をもつものがそこにあれば，乳児はお母さんの指さしと，おもしろいものを見せてくれようとしているお母さんの気持ちとを結びつけるようになる。このような気持ちへの気づきを通して，乳児はやりとりに見通しをもつのである[2]。

　気持ちへの気づきによる見通しは生後7～15ヵ月ごろにできてくるが，気持ちを介したやりとりそのものは，もっと前の時期から準備されている。たとえば，微笑を例に見てみよう（図3-1参照）。生後数時間でみせる生理的レベルの微笑を，**自発的（生理的）微笑**（大人がはたらきかけなくても生じる微笑）という。これを見たとき，まわりの大人は「あぁ，今気持ちいいんだな，ご機嫌なんだな」ととらえることが多い。これは，自発的微笑を，子どもが生理的に微笑んだと受け取っているというより，私たちが笑いたいときに味わっている気持ちの良さが子どもに生じたから笑っているととらえたといえる。一方，

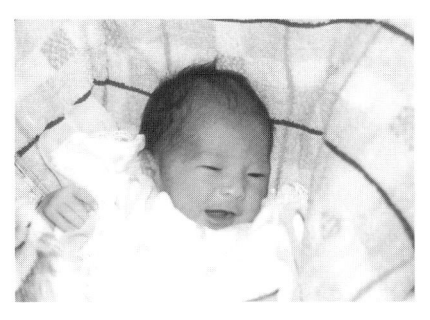

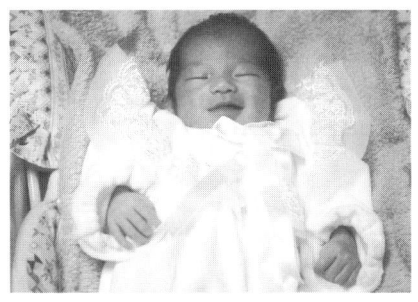

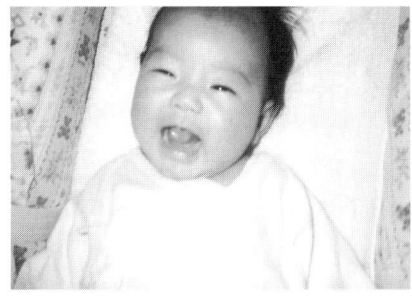

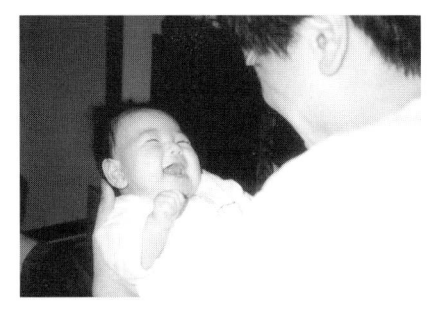

図3-1 自発的微笑と社会的微笑
上:自発的微笑。左:生後6日目男児。
　　　　　　　右:生後6日目女児。(いずれも,産院から退院してきた日)
下:社会的微笑。左:2ヵ月1日女児。撮影している母への微笑。
　　　　　　　右:同児2ヵ月24日。父にあやされて。

　こういう養育者のはたらきかけを受けて,子どもも積極的に応えていく。生後3ヵ月ともなれば,自発的微笑は,養育者があやしたり,呼びかけたときの応答としての微笑(**社会的微笑**)へと変化する。このような,親がはたらきかけたときに子どもが応えるというやりとりによって,親は自分のかかわりが子どもに通じているという気持ちをもつようになる。また,親は,乳児が微笑したときに,声をかけたり笑い返したりして,子どもにも自分の気持ちがたしかに相手に伝わるという体験を得るようにやりとりを工夫する。そうすることで,子どもは自分の気持ちを相手に伝えるために,発声や動作や表情(たとえば微笑)などを使うようになるのである。その後,生後9ヵ月ころになると,オモチャをやりとりするなかでも,気持ちを伝えあうようになる[3] [☞二項関係から三項関係へ]。

p.128

（4）生後15ヵ月以降

　　生後2年目に入ると，乳児はことばを使うようになる。ことばを使うことよって，他者とのあいだで相互に取り決められた意味を用いて，自分の気持ちをより適切に表現できるようになっていく。ことばを理解し，ことばで気持ちを表現することは，自分自身を意識することとも関連する。この**自己意識**は，他者とのかかわりを通してもたらされる。たとえば，自分の思いをことばで表現しても他者に受け入れられないことがあると知ることによって，子どもは自分を意識させられるのである［☞反抗期］。また，自分のしたいことをしてはいけないと親に制止されてぶつかり合ったり［☞自己制御］，自分に対する他者の評価を知ったりする［☞自己評価の発達］ことによっても，自身を意識させられていく。他者によって自身を意識させられる体験を通して，子どもは自分自身を客観的にとらえ，自己概念を形成するようになる。

p.92
p.104

（1歳0ヵ月，女児）名前を呼ばれて，「はーい」と両手をあげる。自分の名前の理解は，自己の発達に関連する。

【参考書】

スターン，D. N.／馬場禮子・青木紀久代（訳）（2000）『親‐乳幼児心理療法——母性のコンステレーション』岩崎学術出版社

スターン，D. N.／亀井よし子（訳）（1992）『もし，赤ちゃんが日記を書いたら』草思社

🍵 こぼれ話

ひとり親家庭

　ミキちゃんが赤ちゃんの頃に，お父さんとお母さんは離婚しました。それ以来，お母さんと二人暮らしです。ミキちゃんがもうすぐ5歳になるというある日，ミキちゃんは突然「お父さんに会いたい」と言いました。お母さんはとっさのことに，どう答えていいか分からず返事ができませんでした。

　さて，ミキちゃんは5歳のお誕生日を迎えました。この日，お父さんからプレゼントが贈られてきました。実は，これまでも毎年，お父さんからプレゼントが届いていたのですが，ミキちゃんにそのことを告げていませんでした。お母さんは一大決心をして，今年はお父さんからプレゼントが贈られてきたことを伝えました。その後，ミキちゃんはお父さんに宛てて一通の手紙を書きました。そして，お母さんに，この手紙を送って欲しいとお願いしました。お母さんは，ミキちゃんとお父さんとの交流を今でも迷っていますが，今後はミキちゃんの気持ちに少しずつ応えていくかもしれません。

　子どもに生みの親（生物学的親）の存在について伝えていくことを，テリングといいます。たとえば養子縁組の親子においては，育ての親とは別に生みの親が存在することを養子に伝えることです。テリングは，子どもの過去を隠さずに真実を伝えることですが，真実告知というより，storytelling（お話聞かせ）といったほうが現状に近いでしょう。実際，育ての親が年少児にテリングをする場合，リラックスした状況（お風呂に入っているときや子どもをひざに抱っこしてなど）で伝える傾向にあるようです。

〔塚田－城みちる〕

2・反抗期

エピソード23 「や〜だぁ!!」

　シュント（2歳10ヵ月）は，まだおむつが卒業できず，なかなか自分からおしっこを教えてくれません。「シュント，トイレに行こう」と，夫がシュントに声をかけていました。シュントのほうは，夫をちらりと見ただけで，「やだよぉ」と口をとがらせます。「トイレ，行くんだよ！」と口調を強める夫に，それでも，「や〜だよぉ」とそっぽを向くシュント。夫は，恐い声を出して，「シュント，トイレ！」と迫ります。とうとう，シュントはあきらめてトイレへ行きました。ところが，シュント対夫の攻防はまだ続いていました。第二ラウンドは，おしっこをすませた後でした。夫が，「ジャーして（水を流して），お手々洗って」と促します。ところが，シュントはまたも知らん顔。「おしっこ，出たでしょ？　ジャーして」と，まだやさしい声の夫。それなのに，シュントは，「出なかった！」と言い放ったのです。「出たでしょ？」と，イライラを押さえようとするような夫の声。「出なかった!!」とシュントも負けじと声が大きくなります。「出たでしょ！　お父さん，見てたよ!!」「出なかった!!!」「おしっこ，出てた！」「出なかったーっ!!!」……私は，本当に，笑いをこらえるのに苦労しました。ここで私が吹き出してしまうと，私まで夫に叱られてしまいます。

　そうです，シュントは反抗期の真最中なのです。反抗期とは，親や大人に従うことをいやがり，激しく反抗する時期のことをいいます。反抗期は，子どもの自我の発達と深く関係があります。生まれてから1〜2年は，日々「できること」が増え，できることをたっぷり楽しみます。ところが，できることが増えてくると，自己意識が高まり，他者の援助を断り「自分で」やろうとすることが増えてきます。相手の要求をあえて拒否することも増えてきます。そして，「自分でしたい」わけでも，「したくない」わけでもなく，むやみに「いやだ」を連発するようになることがあります。こうなると，反抗のための反抗——とにかく反抗したいから反抗するというわけです。おしっこが出なかったと主張しても，シュント自身なんの得にもなりません。お父さんよりも優位に立ちたいだけなのです。

　でも，違った角度からみると，これは他者と真剣に交渉をしはじめている証拠です。本気で他者と向き合っているのです。子どもが，これから先も「人のなかで」生きていくための大事な練習なのです。

エピソード24 「教えてあげない」

　4歳のヤスシくんは最近何を聞いても「いやだ！　教えてあげない！」というようになったそうです。先日，私がお宅にお邪魔したときに，「今日は何して遊ぼうか？」「やっくんの好きな食べ物何だっけ？」と質問しても，「教えてあげない！」としか答えてくれません。お母さんは，あまりにいじわるなヤスシくんに手をやいていて，このままいじわるな性格になってしまったらどうしようと悩んでおられるようでした。

　一見するとこの行動は「反抗期」に典型的な行動と見えるかもしれません。しかし，ヤスシくんのこの反抗的な行動は，2歳から3歳くらいのあいだにみられる「いやだ」「だめ」といった，「反抗」とはまた違った行動のように思えます。なぜなら彼は明らかに聞かれたことの答えを知っていますし，ちゃんとそれをことばにすることができるからです。知っているし，わかっているのに，「教えてあげない！」のです。反対に，2，3歳のころにみられる反抗は，とにかくなんでも手当たり次第に「いやだ」「だめ」と言っており，特に理由がないのに反抗しています。反抗するために反抗しているようで，その理由は本人にもわかっていないように思えます。この2，3歳くらいの反抗は，「自分というもの」の芽生えによっておこるものと考えられています。しかし，4歳児であるヤスシくんの「教えてあげない！」は，2，3歳で芽生えた「自分というもの」がしっかりとできあがったうえで「ノー」という返事がなされているように思えます。というのも彼は，なかでも自分に関することを聞かれると「教えてあげない！」となるようだったのです。子どもは，他者とは違う「自分というもの」を意識すると，できあがった自分の世界を他者から守ろうとします。他者が自分の世界に入り込んでくるのを拒否するのです。他者から見た自分を意識して，恥ずかしいという気持ちになるのかもしれません。そう考えるとヤスシくんが「教えてあげない！」というのは，自分を意識したための「照れ」のあらわれなのかもしれません。

　日本では，ヤスシくんくらいの年齢の子どもにみられる，反抗や自己主張はあまりよいものとしてとらえられていないようで，多くの大人たちは対応に手をやいています。一見聞き分けがないように見えるかもしれませんが，それは「自分というもの」がしっかりとしてきた証しなのです。

　このことをヤスシくんのお母さんにお話したところ，お母さんもヤスシくんの行動が発達のなかでおこる一時的なもので，いじわるな性格につながるものではないと納得してくださったようでした。

解説

(1) 反抗期とは

「いやだ，いやだ，いやだ!!」とひっくり返って，大泣きする子どもをスーパーのオモチャ売り場などで見かけることがある。反抗期の子どもによく見られる光景である。反抗期とは，親や大人に従うことを拒み，激しく自己主張したり，反抗的な行動をとる時期をさす。このような反抗が顕著になる時期が，発達的には2度あるといわれている。2～3歳ごろの**第一次反抗期**と，思春期の**第二次反抗期**である。ここでは，本書の扱う年齢をふまえて，第一次反抗期だけに触れることにする。

（2歳2ヵ月，女児）思いどおりにいかず，大泣き。顔を上げ，大声を出して，きげんの悪さをぶつけてくる。

(2) 自己主張と反抗

第一次反抗期は，**自我の芽生え**，つまり自己意識のあらわれと深く関係がある。2～3歳という年齢は，スプーンやフォークを使って自分で食事ができるようになったり，おむつがとれ，自分でトイレに行けるようになったりと，身辺自立が進む時期である。それまで，親や大人に食べさせてもらい，着替えさせてもらっていた子どもたちは，自分でできることの達成感を感じ，自分でしたいという気持ちも強くなる。この気持ちは，何をするにも，「じぶんで！」「手伝わないで！」といった自己主張としてあらわれる。

また，このような子どもの行動面での発達は，親や大人に，しつけの必要性も感じさせる。何でもやってみたい子どもにとって，しつけは抑制としてはたらき，子どもは「いやだ，いやだ」と反発しようとする。

(3) 関係のなかの反抗

　そもそも反抗ということばは、単に攻撃的だとか情緒的に不安定だとかという心の状態を示すだけでなく、何か・誰かに対してそむく、手向かうということも意味している。親や大人が望むかどうかにかかわらず、子どもから見て大人は、絶対的で権威的な存在である。大人は、子どもが届かない高いところにも手が届くし、大人が言うことは絶対的である。「テーブルに上っちゃダメ」と言われたら、とにかく上ってはいけないのである。また、子どもは、自分でやりたいという気持ちに反してうまくできないことも多い。親や大人にできることが、自分ではうまくいかないということにも気づくようになる。子どもは、大人‐子どもという関係が、対等でない関係だということに気づく。

　反抗期は、この関係への挑戦といえる。言い換えるなら、子どもの反抗は、大人に向かうものであり、それを受け止める大人がいて成り立つものともいえる。どう主張すれば、絶対的な存在に思える親や大人を妥協させられるか、自分はどのくらいで妥協すべきかという、他者との交渉そのものなのである。

(4) 反抗の果てに

　第一次反抗期は2～3歳ころに生じると述べた。しかし、2～3歳より低年齢、あるいは、高年齢でも、反抗期ほど顕著ではないが、反抗したり情緒的に不安定になる時期がある。子どもの発達過程では、不安定な時期と安定した時期が交互にやってくるといってもいいだろう。たとえば1歳半ごろ、はっきりした要求もなく、何に対しても「ヤダヤダ」を繰り返し、ぐずることが多くなることがある。これは、母親たちが半分ふざけてプチ反抗期などと呼ぶものであるが、ことばで自分の状況や気持ちを言いあらわせるようになると、安定を取り戻すともいわれている。また、4歳ごろの扱いにくさを指摘する声もある。

　上に述べたように、反抗は大人との関係のなかで生じる。もともと、

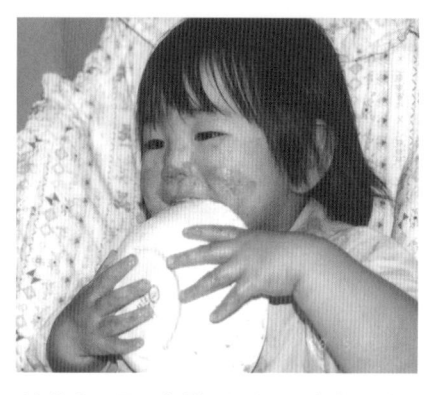

（1歳6ヵ月，女児）なんでも自分でやりたがる。スパゲッティを手づかみで食べ，お皿までかじっている。

子どもの発達の速度と大人の発達の速度には相違がある（大人も発達する。特に，親として発達している）。子どものめざましい発達は，ときに，大人の側の認識や行動の変化を要求する。それは，「いつまでもワタシのお着替え，手伝わないでちょうだい」といった反発としてあらわれることもある。親にとっては，子どもの反抗はやっかいなものであるが，親が子どもに対して抱く不快感情は，子どもの発達を振り返るきっかけとなる[4]。反抗がおさまる時期（実は，親や大人にとって気がつきにくい）には，一段と成長した子どもとの，新しい大人 - 子ども関係が築かれていることだろう。

もう少し深く学びたい人のために——親からみた反抗期

多くの親にとって，子どもの反抗はやっかいなものである。いわゆる反抗期と呼ばれる期間に子どもが示す行動は，欲求や好みを主張し，自分の

表3-1　自己主張・反抗についての母親の意見
(氏家達夫（1995）「自己主張の発達と母親の態度」繁多進・二宮克美（執筆代表）『たくましい社会性を育てる』有斐閣に加筆)

	自己主張	反抗
否定のみ	6（15　）	6（15　）
否定・肯定	11（27.5）	17（42.5）
肯定のみ	21（52.5）	13（32.5）
その他	2（5　）	4（10　）
困惑・苛立ち	7（17.5）	17（42.5）
わがまま	10（25　）	5（12.5）
その他の否定的意見	2（5　）	2（5　）
発達段階	11（27.5）	17（42.5）
自我の現われ	17（42.5）	2（5　）
ないと（後で）困る	2（5　）	12（30　）
必要なこと	9（22.5）	8（20　）

欲求を無理にでも通そうとする**自己主張的行動**と，何事に対してもイヤだ，ダメと言って，わざと反対のことをするという**反抗的行動**に分けることができる。母親はこの2つの行動に対して異なる反応を示す。自己主張に対しては，許容的で，「発達段階」に特有の「自我の発現」であると考えているが，反抗については，「発達段階」に特有のことと理解しながらも，より苛立ちや困惑を示すのである[5]。

　では，苛立ちや困惑をもたらす子どもの反抗・自己主張に，親たちはどのように適応していくのだろうか。母親たちは，自分自身が変わること，子どもの発達や興味関心の増大に応じてお互い歩み寄ることによって，子どもの反抗・自己主張に適応していく[6]。母親自身が変わることによって対立を調整するというのは，たとえば，子どもへの期待を目の前の子どもの実情に合わせて修正すること，物の配置を変えるなど物理的な環境設定を子どもを考慮して変えること，自分の苛立ちを抑える方法を見つけ出すことである。また，子どもが母親の言うことを理解できるようになれば，ことばで説明することもできるし，ぬいぐるみやテレビなどに興味を示すようになれば，子どもの気を紛らわすことができる。このように，母親が子どもの反抗・自己主張をどのように受け止めるのかについては，母親自身の受け止め方だけではなく，子どもの発達に依存している部分も大きい。

【参考書】
麻生武・内田伸子（責任編集）（1995）『講座生涯発達心理学2　人生への旅立ち――胎児・乳児・幼児前期』金子書房

3・自己制御

エピソード 25　ぶつかりあいはなんのため？

　3歳になるケンくんは，先日お母さんが幼稚園に迎えに行ったときにお友だちと激しくけんかをしていました。公園でもお友だちとけんかをして手を出してしまうことがあるそうです。お母さんはどうして手をすぐに出してしまうか，悩んでおられるようでした。

　お友だちとのいざこざは，実は子どもの「自己・自我」の発達と大いに関連があります。子どもは，生まれてすぐからまわりの環境や人々との関係のなかで「自己」を形成していきます。はじめ子どもは身体的な活動のなかで「自己」を意識しはじめるのですが，2，3歳になると，「あのオモチャは私・ボクのもの！」「あれが欲しい」という自己主張をするようになります。この自己主張は激しくすさまじいものがあり，子ども同士の自己主張のぶつかり合いから，いざこざに発展します。

　お友だちとうまく遊んでいくためには，「これは私のもの！」というような自分の欲求や意志を表現し行動として実現していく「自己主張・自己実現」と同時に，自分の欲求や行動を抑制・制止する「自己抑制」という2つの対照的な自己調整が必要となります。この2つの自己の側面は小学校に入る前くらいまでに発達し，自分自身をコントロールすることができるようになってくると言われています。つまり子どもたちのトラブルというのは，この発達途上の「自己」のぶつかり合いであると考えられます。そして子どもたちは，自己のぶつかり合いのなかで，どう折り合いをつけていくかを学んでいるのです。つい手を出してしまうのも，自己の調整がうまくいかない結果であると考えられるのではないでしょうか。

　自己調整の2つの側面のうち，自己を主張する側面は3歳から4歳にかけて急激に発達しますが，自己を抑える側面は，小学校に上がるまでのあいだにゆっくりと発達します。3歳くらいの年齢だと，自分のやりたいこと，欲しいものを主張することはできても，相手の出方によってそれを調整するのはまだ難しいということになります。ケンくんは，まさに自己を主張する側面が急速に伸びてくる時期におり，ケンくんの主張が友だちの主張とぶつかり合って，トラブルになってしまうのだと思われます。そのぶつかり合いのなかで，相手の出方によって自己を抑えることを学ぶと，自分の気持ちをすぐに相手にぶつけることはなくなっていくのではないでしょうか。

エピソード 26　我慢は人のためならず?!

　このごろミカちゃん（4歳半）は私がお宅に遊びに行くと，玄関先で「いらっしゃいませ！」と出迎えてくれます。この日はミカちゃんにあることにトライしてもらいたいと思っていたので，元気な出迎えを受けてほっとしました。というのは，そのトライしてもらう内容がつまらなくて乗り気にならないのではないかと，心配だったからです。それは20枚の絵カードを用います。1枚の絵カードの左半分には1つの絵（たとえば家）が描いてあり，右半分には6つの絵が描いてあります。左側の絵をお手本絵とすると，右側の6つの絵のうち1つだけがお手本の絵と同じで，残り5つはどこか違うところ（たとえば，煙突の位置が違う）があります。お手本の絵と同じ絵を右側から1つ選ぶことにトライしてもらいたいのです。ただ，絵カードは知能検査用具の一部で，お世辞にも魅力的とはいえないものだったので，乗り気になれるかが不安でした。

　案の定，絵カードを見たとたん，ミカちゃんは「あんまりいい感じじゃないね」と言いました。やっぱり，と思いつつも私が内容の説明をすると，ミカちゃんは「えーわかんないよぉ」とテーブルに顎をついてくちびるをとんがらせています。ですが，励ましのことばをかけながら続けていると，ふいにミカちゃんが身を乗り出すようにして，「ねぇ，こっちの絵のこことこっちの絵のここ，ちょっと違うよ。ほら，ここも違うよ」と，私も気づかないような小さな違いを次々と見つけていきました。どうやら，右側の6つの絵のうちお手本の絵と違いがある5つの絵を見つけることが楽しくなったようです。

　最初のうち，明らかにミカちゃんは我慢をしていました。少し前の年齢なら，「やだ」と言うなどしてやりたくないことを表現したでしょう。でも4歳も後半に向かうミカちゃんは，自分の主張だけでなく，私の気持ちも受け入れて，やりたくないけど……やってもいいという2つの気持ちのあいだを行ったり来たりしながら自分の気持ちを整えることができます。これは自制心のあらわれです。ただ，自制心は相手の気持ちを受け入れて我慢するというだけではなさそうです。実際，ミカちゃんはお手本の絵と違う絵を見つけてから合致する絵を見つけるという自分なりのルールを発見することで，最初はおもしろくないと思ったものでも楽しんでやり通すことができました。やりたくないけど……やりたくないけど……と懸命に自分を励ますことが，前向きに挑戦する気持ちも生み出すんですね。もっとも，終わった後は「あーつかれた，汗かいちゃったよ」とおでこをゴシゴシこすっていましたが。

解 説

(1) 自己制御とは

　　1歳代の終わりころから，子どもは**自己**を主張しはじめる［☞自己の発達］。自己を主張することはまわりとの衝突を産むこともある［☞保育場面での仲間関係，反抗期］。子どもたちは，周囲とのぶつかり合いを通して，常に自分の思いどおりにはならないこと，他者にもいろいろな気持ちがあることを理解していく。3歳くらいになると常に自分の気持ちを相手にぶつけるのではなく，相手の出方によって自分の気持ちや行動を方向転換することができるようになる。このように自分で自分の行動をコントロールする力のことを，**自己制御**と呼ぶ。

　　自己制御には，自分の欲求や行動を抑制し，制止する**自己抑制**的側面と，自分の意志，欲求をたしかにもち，それを外に向かって表現し実現するという，**自己主張・自己実現**的な側面とがある[7]。自分で自分の行動をコントロールできるというのは，この2つの側面をさしているのであり，自己主張だけが強くても，自己抑制的な面だけが強くても，本当の意味で自分の行動をコントロールできるとはいえないし，自分にはいろいろなことができるのだというたしかな手応えのある自己の存在感[8]は浮かびあがってこない。

　　自己制御に関する考え方は，文化によって違っている。たとえばアメリカでは，発達の早期から自己主張的側面の獲得が望まれており[9]，母親は子どもの自己主張に対して，提案や説明，交渉という対応をとり，自己主張に積極的な意味づけを行なう。日本では「自己主張的である」というのはあまり評価のよいことばではなく，むしろ自己抑制的な側面が望まれる。日本の母親は，「反抗期がないことは後の発達に大きな影響を及ぼす」という思いを強くもち，自己主張を子どもの発達にとって重要なものと感じているが，実際には，子どもがうまく自己主張できるように後押しするような対応をとらない[5]。

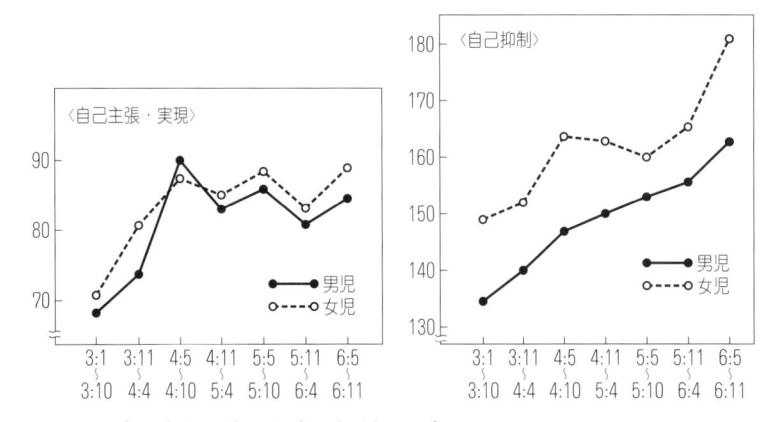

図3-2 自己主張・実現と自己抑制の発達
(柏木惠子(1988)『幼児期における「自己」の発達』東京大学出版会)

(2) 自己制御の発達

　自己主張・自己実現的な側面と，自己抑制的な側面は，年齢とともに強まっていく。しかし，発達のスピードが異なっている。自己主張・実現的な側面は，3歳から4歳にかけて急激に上昇するが，その後は停滞や後退を繰り返す。一方自己抑制的な側面は，3歳から7歳にかけてゆっくりと発達し，停滞や後退はみられない。自己主張・自己実現的側面よりも自己抑制的側面がゆっくりとだが比較的スムーズに発達するといえる。また，自己抑制的側面についてはすべての年齢を通して女児の得点が高い。一般社会が女性に期待する特性のなかには，「従順」など自己抑制に関連するものがみられ[10]，女児の自己抑制の高さには社会の性役割期待が関連していると考えられる［☞ジェンダー］。 p.74

エピソード再考——やりたくない気持ちのコントロール

　エピソード26「我慢は人のためならず?!」の，お手本の絵と合致する絵を探すという課題を行なうミカちゃんの姿には，大人から指示されてやらされているのとはどこか異なるところがあるように筆者には見えた。たしか

にミカちゃんは最初のうちはやりたくなさそうな感じであった。しかし，課題の後半に向かうにつれて，自発的に取り組んでいると感じられるくらいになった。では，ミカちゃんは，やりたくない自分の気持ちをコントロールして，自発的な方向へと，どのようにして向かっていったのだろうか。

　一般に，友だちや大人など，他の人が一緒にいる場面で，子どもがどのように振る舞うかには，約束事がある。つまり，その場を共有する人たちに認められており，まわりから守ることが期待される行動様式である。こうした行動様式としての約束事は家庭内にもある。たとえば，ご飯を食べるときは椅子に座る，物をもらったときは「ありがとう」と言う，お客様を「いらっしゃい」と言って出迎えるなど，子どもの生活なりに守るべきことが親から期待され，そう振る舞うようにと望まれる。ときどき，そうした望まれた振る舞いが，子どもの意に反することがある。たとえば絵合わせ課題は，ミカちゃんからしたら，つまらないからやりたくないものである。しかしそれは，少しのあいだ我慢してやって欲しい大人の気持ちとは相反する。ミカちゃんには，そういう大人の期待がわかる。やりたくない気持ちと，大人の期待を受け入れることとのギャップを埋めながら，一つひとつ，物事を連続的に展開させていく粘り強さを，この時期の子どもは成長させつつある[11]。

　ミカちゃんも自分なりに「ここがこうでしょ」と言いながら，一つひとつの絵を指さして見比べていった。そうしながら自分の気持ちを奮い立たせ，自分なりのやり方に沿って，納得するように少しずつ進めていった。そのうちに，ミカちゃんは，今これをやっているのは自分だという，その場の主人公のような気持ちになっていったようである。そうすると，やればできる，できるんだ，といった誇り高い自信が沸き上がってくる［☞一次的感情から二次的感情へ］。やりたくないけど，やってみることで，やれるようになるのである。ここに自分で自分を律することに喜びを感じる，自制心をもった子どもの姿を見ることができる。

　ただし自制心は，やりたくないけどやってもいいという2つの気持ちのうえに成り立つゆえに，不安定である。それが，子どものちょっとした身体表現となってあらわれる。鼻をほじくる，指をしゃぶる，髪の毛をいじる，指を組んでこちょこちょと動かすなど，ひっきりなしに身体を動かすことで，必死に自分を抑えている。不安定な気持ちを沈めるためのこうした行為を，自己鎮静的な行動という［☞情緒理解］。心の乱れを反映するように，課題を終えたミカちゃんは汗びっしょりであった。

【参考書】
鯨岡峻・鯨岡和子（2001）『保育を支える発達心理学』ミネルヴァ書房
宮里六郎（2001）『「荒れる子」「キレる子」と保育・子育て 乳幼児期の育ちと大人のかかわり』かもがわ出版

☕こぼれ話
保育場面でのちょっと気になる子

　最近，保育園や幼稚園にうかがうと，「ちょっと気になる子」という言葉を耳にすることがあります。ちょっと気になる部分は，保育者によって実にさまざまです。保育の課題場面などでのこともあれば，お友達とのかかわりが取り上げられる場合もあります。

　ひとりの子どもに対しても，保育者によって見方が異なることがあります。ある保育者が気になると感じていることでも，ほかの保育者からすると，さほど気にならなかったりすることもあるようです。さらに，大変印象的なことに，子どもたちは，保育者とはまた違ったとらえ方をしていると感じられることがあります。

　このようにひとりの子どもに対するさまざまな見方に触れると，ちょっと気になるとは何を意味しているのか考えさせられます。子どもとかかわるとき，大人は「こういうふうに育ってもらいたい」という期待をもっています。子どもに対するその人なりの「子ども観」です。もちろん，子どもは，大人のこういう期待に支えられて成長していきます。しかし，日常のなかで子どもと接するとき，自分はいったいどのような期待を持っているかを意識することは難しいことだと思います。保育者がある子どもの行動をちょっと気になると表現するのは，もしかすると，保育者の持つ子ども観の表れなのかもしれません。ちょっと気になる子どもとのかかわりは，保育者が子ども観に気づくひとつのきっかけになるのではないでしょうか。

〔塚田-城みちる〕

4・自己評価の発達

エピソード27　ボクがいっぱい?!

　シンくん（5歳）とトモくん（3歳）きょうだいのお宅にうかがったときのことです。お宅を訪ねたときからシンくんは私にまとわりつくようにして話かけてきました。「でんぐり返し，できるんだよ」「えー，そうなんだ，すごいね」私の少し大げさなほめ方に素早く対応して，シンくんはその場ででんぐり返しをしてくれました。すかさずお母さんが「あんまり上手じゃないね」と茶々を入れると，「布団の上だったらもっと上手にできるもん！」とむきになってお母さんをにらみつけます。それからも，あれもできるこれもできると，私に話しかけ続けます。私もそのたびに「すごいねぇ」とほめまくりました。シンくんのでんぐり返しがそんなに上手にできなかったことからも，どうやらでんぐり返しがどのくらい上手にできるかという事実よりも，私にほめられることに無上の喜びを感じているようです。

　そこにお母さんが大きなお皿にお菓子をいっぱいのせて，「みんなで食べよー」と持ってきてくれました。2人ともたくさんお菓子を食べてようやく一息ついたころ，お母さんとトモくんとでちょっとしたおふざけがはじまりました。お母さんがトモくんの口にえびせんを入れるように見せかけて，食べようとした瞬間にさっと手を引きます。トモくんはお母さんの誘いに乗って，なんとかお母さんが手を引くより先に食べようと，きゃあきゃあとよだれをたらさんばかりに大はしゃぎです。その様子をじっと見ていたシンくんも仲間に入れてあげようと，お母さんは「あ～ん」と誘いをかけました。そのとたんです！「やめろよ。」シンくんはお母さんの手を振り払いながら，それはそれはクールに言い放ち，私をちらっと見たのです。

　シンくんは，なぜ悦に入っておふざけに興じるトモくんとは対照的に，怒ったように振る舞ったのでしょうか。シンくんはでんぐり返しが上手にできるようなほめられる自分を私に見せてくれていました。なので，お母さんとのいつものふざけっこをすることに，ギャップを感じてとまどったのかもしれません。私にほめられているとき，お母さんが茶々を入れたことも怒っていました。家族の前での自分，お客さんの前での自分，どれも自分だけれど，現実的な自分と理想的な自分という意識がシンくんのなかに芽生えているのかもしれません。実際にはでんぐり返しが上手にできないシンくんです。でも，でんぐり返しが上手にできるといいなぁという理想的な自分も自分なのです。理想の自分は私のようなお客さんがいるときに，余計に意識されるものなのでしょう。

　でも，理想の自分はあまり長続きはしないようです。あんまり弟が楽しそうなのを見て，私の存在を忘れてふざけっこに参加していましたから。

解 説

(5歳，女児)「ポーズするから，写真を撮って！」とせがまれて，カシャッ。

　子どもが4，5歳ともなると，○○になりたいと言うことがある。4歳半のサトコちゃんは「大きくなったらハム太郎になりたい」と言い，ツトムくんは「ウルトラマンになりたい」と言う。サトコちゃんもツトムくんも，ハム太郎やウルトラマンになりたいと思うほど，好きなアニメのキャラクターへの強いあこがれをもっている。4，5歳くらいになると，ああなりたい，こうなりたいと，先の自分を思い描くようになる。自分についての希望や願望をもつのである。

(1) 理想自己と現実自己

　理想自己とは，自分や他者の期待に沿って，理想の自分とは何かの考え（知識）をもつことである。今より先の自分における希望や願望といえる。理想自己をもつには，**自己評価**，つまり自分で自分を評価することの発達が大きく影響する。他者の期待を理解し，それを自身のうちに取り入れ，今の自分の状態がその期待に見合っているかいないかを評価するのである。そして，そういう期待の方向に向かって自分自身をガイドできるようになるにつれて，理想自己が形成されていく[12]。ハム太郎になりたいと言っていたサトコちゃんは，ハム太郎がかわいいから好きとよく言っていた。また，サトコちゃんは，日ごろから自分がかわいいかどうかをまわりの大人によく確認していた。サトコちゃんにとっては，かわいいという特徴が，自身を評価する際の基準となっている。おそらく，まわりからかわいいことを期待されてきたのだろう。

　理想自己に対して，現実の自分を**現実自己**という。現実自己とは，現実の自分の状態について，自身がもっている考え（知識）である[12]。

自分の実際の姿が的確にとらえられることが、理想自己の形成にとってたいへん重要である。なぜなら、現実の自分を的確にとらえられてこそ、理想とする（期待された）姿に向かって進んでいけるからである。

(2) 自己評価の発達

① 幼児期

自己評価はおおよそ2歳すぎごろから芽生えはじめる。2歳ころになれば、大人の期待をよく理解できる。大人の目を気にする行動がみられるのもこのころである。クミコちゃん姉妹は、妹が2歳をすぎるころになると、1つのオモチャをめぐって真剣に取り合いをしながらも、2人そろってしきりに母親を見るようになった。2人で遊ぶときの親の期待（オモチャは2人で仲良く使わなくてはいけない）がよくわかるからこそである。

しかし、幼児期全般において、子どもがもっている自分についての考えは、非現実的で肯定的なものになりがちである[13]。自身の成功に対する大人の肯定的な評価には敏感だが、失敗に対する大人の評価は避けようとする。

また、3，4歳になると、同性の親の役割が重要になってくる。同性の親と自分を同一視し、同性の親を基準とするようになる。自身の行動を、ジェンダーにふさわしい行動かどうかによって評価するのである[14]［☞ジェンダー］。男の子はお父さんのように男らしく、女の子はお母さんのように女らしくと考える。男の子がお父さんのサンダルをはいて出かけたがったりするのも、お父さんのような自分として自らをとらえていることのあらわれであろう。

p.74

② 学童期

学童期に入り、年齢が進むほど、現実の自分をより的確に評価できるようになる。そこには、**社会的比較**の能力の発達が関連している。社会的比較とは、自分を他者と比較することである。学童期以降では、

自分を仲間との関係で比較することが，自己評価を促進する。自身を他者と比べることによって，自分の肯定的な側面と否定的な側面が理解できるようになるのである[15]。自分は体育が得意だけど算数は苦手（他の人より体育はできるけれども算数はできない）などというように，自己評価がより現実的になっていくのである[16]。理想自己の形成には，肯定的な側面だけでなく，否定的な側面も現実に即して評価できるようになることが重要である。

【参考書】

守屋慶子（1994）『子どもとファンタジー――絵本による子どもの「自己」の発見』新曜社

第4章
感じてあらわす

◆◆◆◆ 情緒

（5歳，女児）大好きな弟と，お姉ちゃんの自分を描いた絵。にこにこ笑って，お散歩をしているのだって。

1・情緒の発達

エピソード 28 「ぎゃーぎゃーぎゃー！！！」

　このごろ，少し困ったことがあります。息子のシュント（1歳11ヵ月）が，とても甲高い叫び声をあげることです。たとえば，大好きな「犬のおまわりさん」の歌を一緒に歌うとき（本人は歌っているつもりなのですが……），前奏が始まると，それだけで興奮のボルテージが一気に上がり，全身で踊りはじめます。そして，「まいごのまいごの子猫ちゃん」の「ん」のところで，一緒に「ぎゃっ！」と叫び，「あなたのおうちはどこですか」の「か」のところで，また「ぎゃっ！」と叫ぶのです。さらに，「ワンワン，ワワーン」や「ニャンニャン，ニャニャーン」では，「ぎゃー，ぎゃー，ぎゃーーっ!!!」と絶叫です。食事のときも，おかわりが欲しいときにやはり叫びます。シュントは，ちょうだいとはっきり言えず「ちょーだっ」と言うのですが，これを大声で叫ぶのです。耳をつんざく声で，「ぎゃーぎゃっ！」と叫びます。もう少し自分の興奮を調整できるようになってくれればと思うのですが……。

　ここでは，子育て中のママならよく知っている，教育テレビの幼児用番組の体操で，『ちびっこマン体操[注]』と『あ・い・うー』を例にあげて興奮の調整について考えてみましょう。低年齢幼児向けの『ちびっこマン体操』は，じっと立ち止まって，頭やお腹を手でたたくという静止した動作ではじまります。そして，「げんげんげんき，ちびっこマン」の後，走る動作へ移行し，興奮が一気にかき立てられます。興奮の度合いはオフ状態からオン状態へと，はっきりとした切り替わりを見せます。一方で，高年齢幼児向けの『あ・い・うー』は，「みーて，みーて，みてみて」の走る動作の直前に，「ママママ，パパパパ，ははははは，ちちちち」の部分で，盛り上がりかける興奮を抑えて，歩くという動作があります。一気にボルテージを上げるのではなく，押さえて押さえて，ためてから爆発させる，という流れです。3歳より前の幼児には，この興奮を押さえることがとても難しいのです。ところが，4～5歳になってくると，あふれる興奮をため込んで，爆発を楽しむことができるようになってきます。ですから，ちびっこマン年齢の息子に，興奮を抑えてと頼んでも，無理な相談なのです。

[注] 2002年まで放映されていた，NHK教育テレビ「いないいない・ばぁ」の幼児体操。

エピソード 29 「オオカミ出るよ」

　ある幼稚園にお邪魔したときのことです。私が園庭から建物の裏側に回ってみようとすると、ブランコで遊んでいた年少の女の子2人に、「そっちはオオカミがでるよ」と言われました。その幼稚園は都会の中心にあるにもかかわらず豊かな緑に囲まれ、たしかに建物の裏側には樹木がうっそうと生えていて、暗くて狭く、なんだか本当に少し恐そうです。しかし、いくらうっそうとしているとはいっても、オオカミが出るはずがありません。子どもたちは一方で私をからかいつつ、もう一方では「いつかオオカミが出る」と本当に恐れているようでした。

　このエピソードにあらわれていることのひとつに、子どもたちの「恐い」という感情があります。「恐怖」に限らず、私たちは日常のなかでさまざまな感情を経験します。しかし生まれて間もないころの子どもたちの感情は、私たち大人ほど複雑ではなく、快、不快など限られた範囲でのものであると考えられています。それが徐々に複雑になっていき、2歳くらいまでに大人と同じような感情が出そろうといわれています。

　さまざまな感情のなかで、「恐怖」は生後半年くらいから理解されるようになります。ちょうどそのころからはじまる、いわゆる「ひとみしり」も、見知らぬ人への恐れです。何かを「恐い」という感情は、その何かが安定した状況を脅かす（のではないか）という認識から引き起こされます。つまり、ある対象を恐いと思うのには、その対象や状況と、恐いという感情とが結びつかなければならないのです。たとえば、生後半年より前の子どもは、高いところに乗せられても恐怖を示しません。それは赤ちゃんが高いということを意識できないのではなくて（生後2ヵ月くらいから高さについて理解できるといわれています）、高いということと恐いということが結びついていないからです。9ヵ月くらいになると、それが結びつき、高いところに対して恐怖を示すようになるようです。子どもたちが生活のなかで示す感情的な体験というのは、子どもたちの世界の理解のしかたと深い結びつきがあるのだといえます。

　先にあげた例では、子どもたちのオオカミを想像する力と恐怖が結びついたのでしょう。子どもたちは、樹木がうっそうと生えた裏庭から「オオカミ」を想像していたのです。子どもたちの豊かな想像力があったからこそ、裏庭にオオカミがいるようになったのです。

第4章　感じてあらわす——情緒

解説

(1) 情緒とは

　　日常生活はさまざまな感情的体験の連続である。試験に合格して喜んだり，友だちとの別れに涙を流して悲しんだり，一生懸命書いたレポートをほめられて誇らしく思ったり，ホラー映画を見て背筋が凍るような恐い思いをする。このような心の主観的，生理学的，表出的状態が，**感情**である。

　　情緒，情動ということばは，感情に関連する心理学の用語である。一般的に感情は持続的な状態をいい，情動や情緒は急激に生起する一過性の強い状態をさすとされるが，実際には厳密に区別することは難しい[1]。ここでは，一般的な広い意味で感情を，ある状況下における特定の感情を情緒と呼ぶことにする。

　　感情の発達については，①発達のプロセスにおいて運動，認知，自己の発達と絡み合いながら徐々に分化し複雑化するという考え方と，②誕生時にすでに基本的な感情が備わっており，抑制したり感情を制御する側面が発達するという考え方がある。

　　ここでは前者の考え方をとるルイス[2]の説を紹介しよう。ルイスによると，子どもは誕生時，満足，興味，苦痛という3つの原初的感情を備え，6ヵ月時までに喜び，悲しみ，嫌悪，怒り，恐れ，驚きといった感情がみられるようになる。これらは**一次的感情**と呼ばれる。その後1歳後半くらいから照れ，共感，あこがれ，誇り，罪，恥といった**二次的感情**がみられるようになり，これらは自己意識や自己評価と大きく関連すると考えられている［☞一次的感情から二次的感情へ］。　p.116

(2) 情緒調整

　　わたしたちがそのときどきに経験する情緒は，自分や他者にとってすべてが好ましいものではない。**情緒調整**とは，表出された情緒を適応的な方向に，またはコミュニケーションを円滑にするために，何らかの方法で調整・制御することをいう。

　　発達の初期（2，3ヵ月），子どもは養育者によるなぐさめや環境の

（3ヵ月，女児）ママに抱っこされながら，写真をとるパパを見て大はしゃぎ。微笑みは喜びの表れ。

（生後8ヵ月，女児）初対面のおねえさんに抱っこされて，大泣き。正面にいる母親に訴えるような大きな泣き声で，悲しみ，恐れなどを表現。

（1歳6ヵ月，女児）ふれあい動物公園にて。大きな羊にびっくり。「触ってごらん」と母親に促されても，怖くて手が出せない。恐れを示す緊張した表情。

（1歳9ヵ月，男児）新しい帽子をかぶって，大好きな三輪車にまたがり，得意顔。胸をはり，誇り高い気分を満喫。

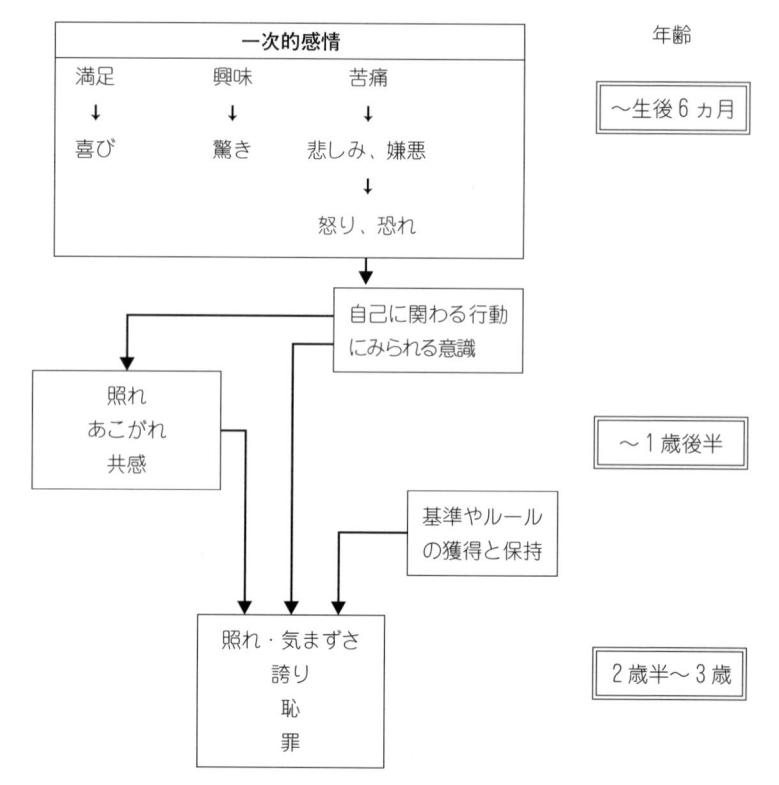

```
┌─────────────────────────────────┐
│           一次的感情              │     年齢
│   満足      興味      苦痛        │  ┌─────────┐
│    ↓        ↓        ↓          │  │〜生後6ヵ月│
│   喜び     驚き   悲しみ、嫌悪    │  └─────────┘
│                     ↓           │
│                  怒り、恐れ       │
└─────────────────────────────────┘
                    ↓
            ┌──────────────┐
            │自己に関わる行動│
            │にみられる意識  │
            └──────────────┘
    ┌────────┐
    │ 照れ   │                    ┌─────────┐
    │あこがれ│                    │〜1歳後半 │
    │ 共感   │                    └─────────┘
    └────────┘
                  ┌──────────────┐
                  │基準やルール  │
                  │の獲得と保持  │
                  └──────────────┘
            ┌──────────────┐
            │照れ・気まずさ│
            │    誇り      │        ┌──────────┐
            │    恥        │        │2歳半〜3歳 │
            │    罪        │        └──────────┘
            └──────────────┘
```

図4-1　生後3年間における感情の発達
(Lewis, M. (2000) The emergence of human emotions. In M. Lewis & J. M. Haviland (Eds.) *Handbook of emotions*. Guilford Press, pp.223-235.)

調整，あるいは偶発的な行動によって，自らの情緒を調整する。生後3ヵ月すぎから，自分の不快な状態を解消してくれる存在として養育者を理解するようになり，相手の反応を期待するような行動がみられるようになる。1歳をすぎると，運動や認知の発達が進み，他者を参照することによって，自分のネガティヴな情緒を調整できるようになる（これを**社会的参照**という）[☞見知ぬ他者や物との関係づくり]。また他者を介した調整だけではなく，自分の身体への認識が高まり，全身をゆする，指をかむなど，**自己沈静的な行動**[☞情緒理解]によっても，自分の情緒が調整できることを知るようになる[3]。

2,3歳になると因果関係の理解が進むので，泣いている子どもをただ慰めるだけでは泣きやまず，その原因となったことが解決されないと納得しない。ひとり歩きができるようになった子どもに，オモチャの入った箱のふたが開かないという欲求不満の状況を経験する場面を観察した研究によると，1歳半くらいの子どもは，母親から慰められたりなど，母親とかかわることによって不快な情緒を調整するが，2歳くらいになると，大人にふたを開けてくれるよう援助を要請するなど，ストレスの原因に直接はたらきかけるような行動をとるようになる[4]。このように，自分のネガティヴな情緒に対処するためにより効率的な調整を行なうようになる。

　またことばの発達も，情緒調整に大きく関係している。自分の内的状態に対して，適切にことばで名前をつけることによって，養育者に正確に自分の状態を伝達することができるし，ことばによって養育者から情緒調整の方法を学ぶこともできる。

　3,4歳になると，他者の気持ちを考慮して，自分の情緒を調整するようになる。子どもにある作業をしてもらい，お礼としてその子にとって魅力のないプレゼントを贈り，1人でプレゼントを開けた場合と，プレゼントをくれた人がそばにいる場合の子どもの反応を比較したところ，1人で開けた場合にはがっかりした表情を示した子どもが多かったのに対して，プレゼントをくれた人がそばにいる場合には，がっかりした気持ちを隠すような反応がみられた[5]。これは子どもが感情表出に関する社会に適応したルール（**表示ルール**という）を獲得したことのあらわれだと考えることができる。

【参考書】
須田治（1999）『情緒がつむぐ発達』新曜社

2・一次的感情から二次的感情へ

エピソード30　あれやこれや考えると……

　アコちゃんはこの春、年長さんになりました。毎日大張り切りです。最近漢字が書けるようになったので、お友だちに書いて見せてくれます。「おえかきしよーよ」と画用紙とクレヨンを配りながら、お友だちを率先して誘います。お弁当の時間もとなりに座った子と、ふりかけを分け合ったりして大はしゃぎです。アコちゃんは年長さんになって、よりいっそうみんなと一緒に行動することを楽しむようになりました。

　でもこのあいだ、こんなことがありました。年長組では今お話づくりが流行っています。先生がお話のはじめの部分を考えてくれて、その続きを子どもたちみんなで考えます。先生が「この続きはどうなるかな？」と聞くと、「はい！」「はい！」とあちこちから元気よくと手があがって、我先にと話そうとします。そんなときアコちゃんが私の側にすっと寄ってきて「あのね、アコはね、続きは〇〇と思うの」と小さな声でお話するのです。とてもおもしろいお話だと思ったので、私は「手をあげてみんなにお話してあげたら？」と言いました。でもアコちゃんは固まったままじっと先生の方を向いたきりです。ときおり中腰になって身体を先生の方に乗り出し、右手を小さくあげたり下げたりしますが、結局「やっぱりできない、はずかしいもん」と私の膝に突っ伏してしまいました。みんなと一緒にいるときの元気の良さとは対照的な姿です。手をあげて発言してみんなに見られる自分にとまどいを感じていることが、ひしひしと伝わってきました。

　私たち大人も会合の場で発言しようとするとき、一瞬とまどったりします。これは、発言する自分を他者の目で思い巡らすからこそ生じるとまどいです。こんなことを言ってその場にふさわしいだろうか、どんなふうに思われるだろうかなどと、自分がこれから起こす言動についてよく考えることは、自分をとりまく環境に適応するための大切な力といえます。この自分自身について思い巡らす力は、4，5歳ころからぐんと成長します。もちろんもっと小さいころでも、子どもがまわりの大人の目を気にしているな、と感じられることはあります。しかし、4，5歳ころになると、アコちゃんが「はずかしいからできない」と表現したように、思い巡らす自分自身を誰かにことばで伝えようとすることが特徴的となります。自分の恥ずかしい気持ちに気がついて、ことばにできるのです。

　さて、アコちゃんですが、再度私に勇気づけられて、「はい」と手をあげました。先生に「はい、アコちゃんどうぞ」と言われて、やっぱり気持ちが臆したのか、お話する声はとても小さな声でした。でも、みんなが一生懸命アコちゃんのお話を聞いてくれて、話し終わったアコちゃんの顔は、とてもうれしそうでした。

解説

(1) 一次的感情と二次的感情

　2歳も半ばになってくると，大人が話しかけたときに，ただもじもじと身をよじらせるようにしたりすることがある。「昨日どこにおでかけしたの？」と話しかけただけなのに，他者から注目されているというだけで「はずかしい」と言って，何もお話できなくなってしまう。恥ずかしいということばが，必ずしもいつも適切な文脈で使われるというわけではないものの，他者から注目されて照れた気持ちの表現として使われるようになる。

　前の節で見たように，生後1年目の後半くらいまでにあらわれる喜び，興味，驚き，悲しみ，嫌悪，怒り，恐れといった**一次的感情**は，対象に対する直接的な感情表現であった。それに対してその後出現してくる，照れ，共感，あこがれ，誇り，罪，恥といった感情は，自分と他者との関係における感情であり，**二次的感情**という。

(2) 自己意識とともに出現する二次的感情

　照れ，共感，あこがれの感情は，子どもの**自己意識**とともに出現する二次的感情である [☞自己の発達]。照れは，自分が他者に注目されていることを意識してあらわれる感情である。共感は，自己と他者の区別を理解したうえで，他者が困っている状況や困っているときの心の状態を意識してあらわれる。あこがれは，他者にはあって自分にはない何かを意識してあらわれる[2]。

　自己意識とは，自分で自分を意識することである。それは，あたかも他者を見るかのように，自分自身を客観的な対象として眺めることともいえる。自己意識は，おおよそ1歳半以降に生じる。子どもは，徐々に，他者を意識したうえで，自分を表現するようになる[6]。たとえば，1

p.84

（3歳0ヵ月，女児）保育園でのお誕生会。みんなの前に出て，照れくさいやら恥ずかしいやらで，泣き出してしまった。

歳半すぎころから，自分を自分の名前で呼ぶようになる（他の人が自分を呼ぶように呼ぶ）。やがて2歳をすぎると，「〇〇ちゃんの」というように，自分の所有物についてもことばで表現するようになる（これはあなたのお茶碗ではなく，ボクのお茶碗である）。つまり，自己意識は，他者を意識することと深く関連している。この自己意識の芽生えとともに，他者に見られる自分を意識した感情（照れ）や，他者と異なる自分を意識した感情（共感やあこがれ）があらわれてくるのである[7]。

（3）自己評価とともに出現する二次的感情

2歳をすぎると，**自己評価と関連した二次的感情である誇り，罪，恥といった感情が出現する**[2]。2歳の後半にさしかかると，子どもは，自らの基準に，自分の行動が沿っているか沿っていないかを気にするようになる［☞自己評価の発達］。自分の基準にそぐわないときには失敗したと見なす。このときは罪や恥を感じる。一方，基準にそって行動できたときは成功したと見なす。このときは，誇りを感じる。ここでいう基準とは，大人から期待された行動であり，望ましいものとして大人に期待された基準である。その基準を自分のなかに取り込み，それによって，自分の状態を自分で評価することが，自己評価である。自分の行動を基準に照らし合わせて評価し，それによる成功感や失敗感によって，誇りや罪や恥を感じるのである[8]。

p.1

【参考書】

ルイス, M./高橋恵子（監訳）遠藤利彦・上淵寿・坂上裕子（訳）（1997）『恥の心理学——傷つく自己』ミネルヴァ書房

💡 こぼれ話

さっちゃん

　幼い頃口ずさんだ童謡の「さっちゃん」を覚えているでしょうか。「さっちゃんはね，さちこっていうんだ，ほんとはね……」という歌い出しの，ちっちゃな女の子を歌った歌です。

　ところで，この「さっちゃん」は一体何歳なのでしょうか。発達心理学の観点からいうと，ポイントは2つ。「さっちゃん」と自分のことを愛称で呼ぶという「自称の発達」と，ある程度時間が経つとなかよしのお兄ちゃんを忘れてしまうという「記憶の発達」です。まず，自分をどのように呼ぶかという自称の発達からいうと，2歳になる少し前から，子どもは自分のことを他者から呼ばれる呼び方で呼ぶようになります。つまり，親などから「さっちゃん」と呼ばれていれば，自分のことを「さっちゃん」と呼ぶようになるのです。そして，5～6歳になると，半数くらいの子どもが愛称や名前以外の「わたし」や「ぼく」なども使えるようになります。また，記憶の発達からいうと，子どもが過去のことをある程度長く記憶できるようになるのは，3歳くらいからといわれていますが，3歳ごろの経験で記憶に長く残るのは，よほど印象的な出来事だけです。これらを考慮すると，さっちゃんは，2～4歳ごろと考えることができるでしょう。とはいえ，子どもの発達には個人差があるので，この歌の本当のモデルが何歳であるかは，作者に聞いてみなければわかりません。　　　〔岡本依子〕

3 • 情緒理解

エピソード 31　泣かないで

　帰宅した夫に，職場でのグチを一気にこぼしたことがありました。私の口調がきつかったせいか，ただならぬ雰囲気が娘のハルナ（3歳1ヵ月）にも伝わってしまったようです。夫は，私のグチを「はいはい」と聞き流しながら，ハルナをお風呂に誘います。ところが，なかなかお風呂に入ろうとしないハルナ。いつもなら自分で服を脱ぐのに，その日は，わざわざ私に脱がしてもらおうとします。脱がせてからも，「おしりペンペン」と自分の裸のお尻を叩いて見せて，私を笑わせようとします。その娘の姿がいじらしくって，不覚にも涙があふれてしまいました。娘の心配した顔が私をのぞき込みます。あわてて，両方の小さな手のひらで私の目をペタッと押さえるのです。娘は，涙が出ないようにと押さえたつもりなのでしょう。私はつい笑ってしまいました。

　子どもというものは，なんて相手の心の動きに敏感なのでしょう。小さいころから，母親が落ち込んでいると子どもも元気のない表情を見せたり，大声で笑うと，何がおかしいのかわからなくても，一緒に笑い出したりします。相手の感情が自分に「伝染する」という体験を通して，子どもは他者の「心」に気がつきはじめます。それが2歳半から3歳ごろになると，お友だちが泣いているのはその子が悲しいから，ママが笑っているのは楽しいからだというように，他者の感情や考えていることについて子どもなりの考え（これを心理学では，「心の理論」といいます）をもちはじめます[☞心の理論]。他者のすることであっても，お菓子を「食べる」とか，物を「投げる」という動作なら目に見えるので，理解も早くから発達します。しかし，「うれしい」とか「悲しい」，「考える」といった目に見えないことを理解するのは，とても難しいはずです。

　感情が伝染するという段階では，子どもは自分と他者とを区別していません。互いに混じり合った感情状態を経験します。そこからひとつ成長すると，今度は，自分の感情とは切り離して，他者の感情として相手の「心」を理解できるようになります。このときも，娘は私の感情に巻き込まれるのではなく，私の感情を理解したうえで，私を笑わせようとしたり励まそうとしたりしています。

　すっかり娘に励まされた私は，娘を促してお風呂まで連れて行きました。ところが，まだ表情のかたいハルナ。しばらくは，黙って夫をにらみつけ，夫にピシャッピシャッとお湯をかけていたそうです。どうも，夫が私をいじめたのだと思ったようです。夫にとっては，とんだとばっちりでした。

解説

(1) 他者の情緒の理解

　子どもたちは，自分の情緒を経験するばかりでなく，他の人が泣いたり，笑ったり，怒ったり，すねたりするといった，他者の情緒にも直面する。子どもは，他者の情緒を理解することで，より適切に，あるいは，共感的に他者に応じることができる。また，他者の情緒に触れることで，自身の情緒の深まりも経験するかもしれない。

　子どもが他者の情緒理解を発達させる道すじは，おおよそ図4-2のようにあらわすことができる。情緒が伝染するかのように自分と他者の情緒を区別しない経験から，他者の情緒を他者のものとして理解し，なぐさめなどの行動に移せるというように，自他が分化したものへと移行してゆく。

情緒の伝染
社会的参照
慰め行動

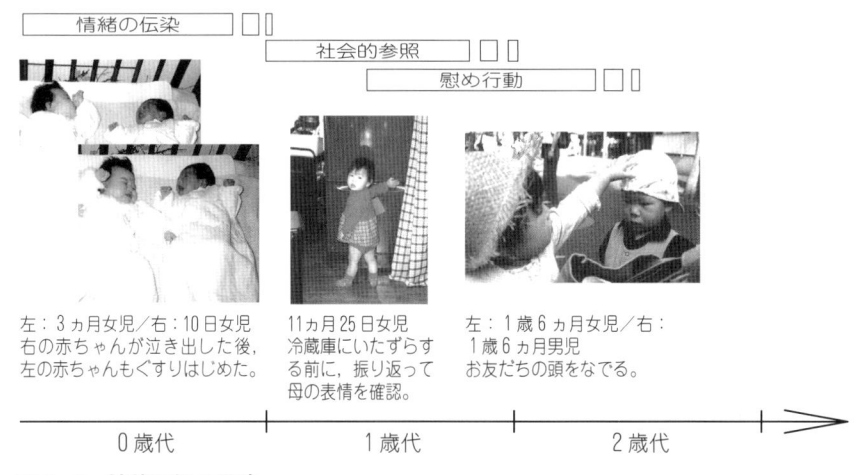

左：3ヵ月女児／右：10日女児
右の赤ちゃんが泣き出した後，左の赤ちゃんもぐずりはじめた。

11ヵ月25日女児
冷蔵庫にいたずらする前に，振り返って母の表情を確認。

左：1歳6ヵ月女児／右：1歳6ヵ月男児
お友だちの頭をなでる。

0歳代　　1歳代　　2歳代

図4-2　情緒理解の発達

(2) 情緒の伝染

　赤ちゃんと身近な大人との情緒的交流の起源をどこに求めるかは，いろいろな議論があるが，新生児は，大人の表情を模倣する（図4-3）[9]ことが知られている［☞模倣］。新生児は大人の喜び，悲しみ，

驚きといった表情をじっと見つめ，自身も同じ表情を浮かべるのである。さらに生後10週ともなれば，大人の表情をただ模倣するだけではなく，新生児自身の情緒がそれに伴って引き起こされていることがわかってきた。たとえば，大人が喜びの表情を浮かべると，興味や興奮を示し，悲しみの表情に対しては，不安定になった情緒を沈めるための**自己鎮静的な行動**（舌なめ行動など）を示すのである[10]。

また，生後数日の新生児が，他の乳児の泣き声を聞くことで泣き出す[11]という報告も少なくない。このように赤ちゃんは，他者の情緒に巻き込まれ，自他の区別がつかないまま情緒を経験する。これを，**情緒の伝染**という。

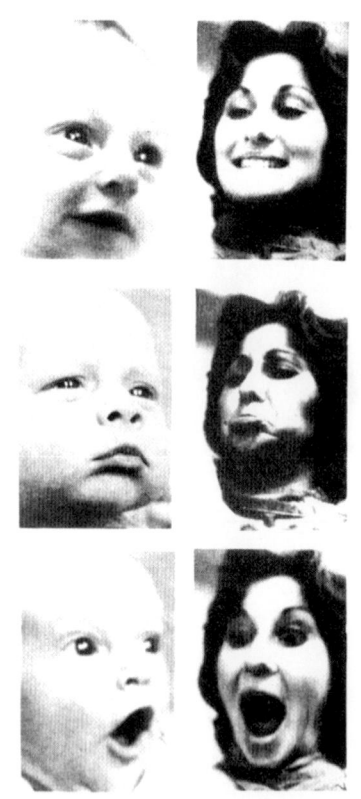

図4-3　大人の表情の模倣
新生児が大人の「喜び」「悲しみ」「驚き」の表情を模倣する。
(Field, T. M., Woodson, R., & Cohen, D. (1982) Discrimination and imitation of facial expressions by neonates. *Science*, 218, 179-181.)

(3) 社会的参照となぐさめ行動

　赤ちゃんは，生後すぐから，自他の区別が不明確なまま，他者の情緒に巻き込まれるという情緒を経験する。しかし，徐々に自分の情緒と他者の情緒が区別できるようになり，1歳前後には，他者の情緒を用いて，自分の行動を導くようになる。すでに述べた**社会的参照**［☞見知らぬ他者や物との関係づくり］である。

　また，1歳をすぎると，泣いている他児の頭をなでるなど，**なぐさめ行動**がみられるようになってくる[12]。たとえば，転んでわっと泣き出したお友だちを，「いたいの？　だいじょうぶ？　いたいの，いたいの，とんでけー」と励ましている子どもの姿を目にしたことがあるだろう。1歳半や2歳ころなら，ちょっと頭をなでる程度だが，3歳ともなれば，なんとか泣きやませようと一生懸命に慰めることもある。他児の泣き叫ぶ声に動揺し，自分も一緒に泣き出してしまいたいような気持ちを抑え，気丈に振る舞っていることがある。他児の情緒に巻き込まれず，自分の情緒の安定を保つことができているのである。

　さらに，2歳をすぎると，「うれしい」「がっかり」など，情緒をあらわすことばを使うようになり，他者がことばで伝える感情についての理解が進む。さらに年齢が上がるごとに，状況の理解が進み，他者の心の状態についての考え［☞心の理論］も発達し，より複雑な状況で生じる複雑な情緒（たとえば，悲しくて腹立たしい，うれしいけどさびしいといった多重な情緒など）も理解できるようになってくる。

p.144

エピソード 32　元気いっぱいなのはいいけれど……

　先日，マサくんの家に遊びに行きました。マサくんは幼稚園の年長さんです。とっても元気のいい男の子ですが，元気のよすぎがかえってお母さんを悩ませていると，前々からお母さんからうかがっていました。感情のあらわし方が激しいようで，ときには，お友だちとのトラブルに発展してしまうようです。

　当日，マサくんと私は初対面です。玄関であいさつしたときにちょっと恥ずかしそうでしたが，すぐに私の手を取って子ども部屋に連れて行ってくれました。さっそくボール遊びをし，次にプラレールで線路を作ったりして楽しく遊んでいました。ところが，サッカーゲームをはじめたとたん，状況が一変したのです。サッカーゲームは，ゲーム盤のサッカーフィールドの部分にドーム型の覆いがしてあります。透明なプラスチックなので中を見ることはできますが，フィールドに置いてある選手人形にじかに触ることはできません。ゴールに点を入れるには，ボタンを押して人形を操作します。2人で順番にボタンを押してなんとかゴールしようとしたのですが，意外にうまくいきません。マサくんは力ずくでボタンを押して相当むきになっています。すると突然，マサくんが「あーーー」と叫んだかと思うと，ゲーム盤を持ち上げてバンバンと床に打ち付け，ドーム型のプラスチックを力づくで取り外し，ボールを手でつかんでゴールに入れてしまいました。そして興奮のあまり真っ赤な顔をして「ボクの勝ちだ，ボクの勝ちだ」と私を叩かんばかりに怒っています。マサくんの突然の怒りの爆発には驚きましたし，正しい勝ち方ではありませんでしたが，そんなにも勝ちたかったマサくんの気持ちを受け止めてあげたくて，「そうだね，マサくんの勝ちだね。怒らなくてもマサくんが勝ったことわかるからだいじょうぶだよ」とことばを返しました。そのとたん，マサくんは驚いた顔で私を見つめ，しばらくのあいだきょとんとしていました。

　他者とのあいだで不快な情動を体験したとき，どのように対処するかには，その人なりのパターンがあります。マサくんの場合，相手を攻撃することで自分の不快さ（怒り）を発散していました。1人ひとりがもつそういうパターンを，「情動のスクリプト」といいます。その人なりの情緒の対処についての台本です。でも自分がどういうスクリプトをもっているかを意識するのはたいへん難しいことです。ですから，相手にことばで返してもらうことで気づくことがあります。マサくんは，きょとんとした後は，負けるとムスッとはしたものの，激しく怒ったりしなくなりました。怒らなくても不快な気持ちを発散できることに気づいたようですね。

もう少し深く学びたい人のために——情緒的コンピテンス

　誕生時から備わっている基本的な感情は，快と不快であると考えられる。子どもは成長にしたがって，これらの快不快が，自分にとって，また他者との関係において，さまざまに影響することに気づいていく。特に不快な情緒は，自分にとっても他者との関係においても，否定的な影響をもたらすことが多い。たとえば，オモチャ屋さんでオモチャを買ってもらいたいとひっくり返って泣いている子を見かけることがある。最初のうちは，親も子どもの要求に向き合ってなだめたりすかしたりする。しかし，子どものほうがいつまでもぐずっていると，最後には親のほうが猛烈に怒りだすことがある。不快な情緒は，出しようによっては，子ども自身に有利にやりとりが展開することがある（時にはオモチャが買ってもらえることもあるだろう）が，その一方で，子ども自身に不利益となることにもつながる（親に怒られたうえにオモチャは買ってもらえない）。子どもは，さまざまな経験を通して，不快な情緒を適切にコントロールすると関係をうまく築くことにつながり，適切にコントロールできないと関係が崩壊に向かうことを学んでいく[13]。

　子どもは，上の例のように，他者や自分による情緒調整の試みや，そうした経験を通して，感情に関するさまざまな知識とスキルを蓄えていく。そして，その知識やスキルを応用的に使うことで，さまざまな場面で他者とうまくやりとりできるようになる。この知識やスキルを**情緒的コンピテンス**という（コンピテンスとは，何かをできる力のことをいう）[14]。

　情緒的コンピテンスは，次の8つの力を総合したものである。

1. 自分の感情の状態を知る能力
2. 状況や表情を手がかりにして，他者の感情を理解する能力
3. 自分が属する文化にふさわしいことばで，感情について表現する能力
4. 他者の感情の経験に，共感的にかかわる能力
5. 内的な感情状態と，表現された感情が必ずしも一致しないことを理解する能力
6. 自分の情緒を調整することで，自分の不快な感情に適応的に対処する能力
7. 他者との関係性は，多くの場合，感情のやりとり（たとえば，直接相

手に感情を伝えたり，感じていることを表現するなど）によって成り立つことを理解する能力
　8．感情を自分の力で自分が望むように経験したり，表出したりできる，感情に関する自己効力感をもつことのできる能力

　つまり，情緒的コンピテンスを獲得することによって，場面にふさわしい方法で自分や他者の情緒をコントロールできるようになる。また，他者との交渉が上手に行なえ，関係における親密さを深めることもできる。他者とうまくかかわれるようなスキルをもつことは，自尊心の向上につながる。ストレスに満ちた状況に直面したときでも，適応的に対応することにつながっていく。
　知能指数（知能テストによって測られる，言語や論理的な思考にかかわる能力を示す数値）が高くても，情緒的コンピテンスが十分発達していなければ，他者と共同しながらその能力を発揮することはできない。このように情緒的コンピテンスは知能テストで測られる知的能力とは異なる，人間の重要な能力として注目されるようになり，**情緒的知性（EQ）**ともいわれるようになった[15]。近年，諸外国においては，教室での授業に，情緒的コンピテンスやEQの考え方が取り入れられている。また，異なる文化的な背景をもつ子どもの教育や障害児教育，職業教育，教員の育成などにも応用されている。

【参考書】
アームストロング, T.／吉田新一郎（訳）（2002）『マルチ能力が育む子どもの生きる力』小学館

第5章
世界を知る

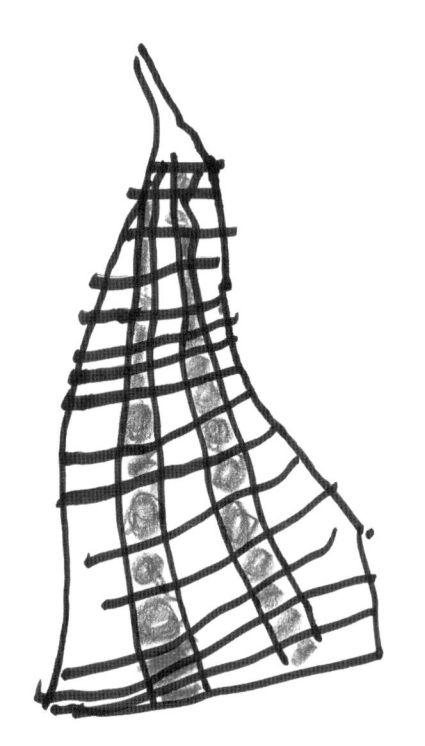

◆◆◆◆ 認知

(4歳,女児) 初めて東京タワーに行ったあと,帰ってきて,家で描いた絵。高くそびえる東京タワー,こんなふうに見えたのね,きっと。

1・二項関係から三項関係へ

エピソード33　9ヵ月ミラクル

　もうすぐ9ヵ月になるリナちゃんのお母さんは，自分が子どもとうまく遊べてないんじゃないかしら，と少し悩んでいます。ここ何ヵ月かのあいだで，リナちゃんは急にオモチャに興味をもつようになりました。あっちを触りこっちを触り，はたまたひっくり返してみたり，かりかりとかじってみたり……。リナちゃんのオモチャ探索活動は日々盛んになってきます。そんなリナちゃんは，お母さんが一緒にオモチャで遊ぼうと誘いかけても，あまり「のり」がよくなく，ひたすらオモチャの探索に向かうことが多いようです。それでお母さんは，子どもと一緒に上手に遊べない自分に悩んでしまっているのです。

　生後9ヵ月ころになると，親子のかかわりががらっと変わったように感じます。9ヵ月以前では，お母さんにとって，赤ちゃんと気持ちが通じ合うと思うような瞬間は，食事や着替えやお風呂など，いわゆる養育的なシーンのほかに，くすぐりっこやいないいないばぁなどの身体遊びが主です。それが，月齢9ヵ月前後になると，オモチャを使ったやりとり遊びでの親子の気持ちの交流が頻繁にみられるようになります。これは，赤ちゃんが，人と物との両方に注意が向くようになったからです。たとえば，お母さんがコロコロとボールを転がし，それを指さして「ほらほら，ボール」と言ったとしましょう。おそらく9ヵ月をすぎたころから，赤ちゃんはそのボールを見て，またお母さんの顔を見て，といったことを繰り返すでしょう。こんなとき，思わず2人で目を見合わせてニッコリ笑ってしまいますよね。「ボール行っちゃったね」とか言って。また，お母さんが「どうぞ」と言ってオモチャを渡すと，赤ちゃんがお母さんとオモチャを見ながらそれに手を伸ばして受け取る，というのもこのころからみられるやりとりです。このような，オモチャなどの対象物を介して大人と子どもとのあいだで気持ちを共有する体験ができるようになる変化をとらえて，9ヵ月ミラクルといいます。もちろん身体遊びでも親子の気持ちの通じ合いは十分体験できることですが，オモチャを通してお互いの気持ちのやりとりができるようになると，親子の通じ合いがいっそう深まったと感じられるものです。というのは，「あれが欲しい」「こっちが食べたい」といった子どもの意図が，いっそうはっきりわかるようになるからです。

　ただ，9ヵ月ミラクルといっても，もちろん8ヵ月ころやってくる子もいますし，もう少しゆっくりくる子もいます。リナちゃんはゆっくり派なのかもしれません。身体の発達に個人差があるように，心の発達もその親子親子のペースが大切です。

解説

(1) 三項関係の成立

　生後1年間における乳児と他者との関係における大きな変化のひとつは，三項関係の成立である。三項関係が成立する以前の関係を，二項関係という。

① 二項関係とは
　二項関係には，2種類ある。ひとつは，乳児と大人が事物を介さずに，対面してやりとりするかかわりである。たとえば，生後3，4ヵ月ごろにみられる，大人がニッコリと微笑みかけると，それに応じて乳児が微笑むというようなやりとりである（図5-1）[☞自己の発達]。　p.84
二項関係でコミュニケーションに用いられる主な行動は，表情や発声，身体の動きなどで，いずれも，快，不快，興奮などの感情にもとづいている。これは，人-人の二項関係といえる。

　もうひとつは，生後5，6ヵ月ごろにみられる，人-物の二項関係である。この時期，乳児の関心は，他者よりも事物に向くようになる。物に対する行為は，他者に向かう行為（他者と微笑みあうなど）とは明らかに異なっている。たとえば，大人が物を見せると，乳児はすぐにそれをつかみ，振ったり，叩いたり，こすったり，口に入れたりと，物にだけ注目して，物を操作することに専念する[1]。

図5-1　人-人の二項関係
（3ヵ月，女児）。ママと向かい合ってニッコリ。

図5-0　人-物の二項関係
（生後9ヵ月，男児）。おもちゃ（ガラガラ）を振ったり，かじったりして研究中!?

第5章　世界を知る──認知

二項関係においては，乳児は他者と物の両方に注意を向けることが難しく，人のみ，もしくは物のみに注目するのである。

② 三項関係とは

生後9ヵ月ごろから，このような関係における子どもの様子が大きく変化する。物の探索に他者を巻き込むようになるのである[2]。たとえば，オモチャの電話の小さなボタンをうまく押せて音が鳴ったときに，その物を他者に見せてうれしそうに笑ったり，プレゼントのように物を手渡したりする。また，乳児が物を落としたときに，大人が驚いた反応をすると，次からは落とすたびに大人の顔を見て笑ったりもする。物が他者との関係のなかで使われるようになって，乳児－物－他者という3つの項の関係づけが成立するようになる[3]。これを**三項関係**という[4]。

(2) 身振り（ジェスチャー）の使用

生後1年ころになると，子どもは物に関連して，**身振り**を使い始める。身振りの使用は，三項関係の成立を示す指標のひとつである。三項関係では，一方が何か物を提示して，もう一方がそれを受け取るやりとりが中心となる。三項関係が成立すると，物を使って誰かに何かを伝えることが可能になる。そのために用いられる代表的な手段が，**指さし**，**手渡し**，**提示**などの身振り（ジェスチャー）である。

指さしは，指あるいは手を用いて何かをさし示す行為である（図5-2）。たとえば，やや遠くにあるものに驚いたり，感動したようなときに，指さしをする[5]。指さしは，差し出す指その

図5-2 指さし （10ヵ月，女児）。積み木で遊んでいる最中に，カメラを持つ筆者を指さした。この日はカメラを気に入った様子だったので「あ，カメラだね」の指さしだろうか？

ものを見せようとするのではなく，指を使って別の何かを他者に示すために用いられる。そのため，他者が事物を指さしたときは，指の先を見るのではなく，その指から物に向かってのびる線（もちろん見えない線だが）にそって，視線を動かしていく必要がある。おおよそ7，8ヵ月ごろの乳児は，大人が指さしをすると，その指先を見る。それが9ヵ月ごろを境にして，指さしの対象となっている物に向かって視線を動かせるようになる[6][☞心の理論]。これを**指さし理解**という（図5-3）。

p.144

また，手渡しとは，乳児が事物を相手に渡す行為である。たとえば，ビンのふたがとれないときに，乳児が「ん，ん」と声を出しながら大人に手渡したりする。「ふたを取って」という要求を伝えるために手渡しが用いられるのである[7]。大人が「ちょうだい」と言って手を出すと，乳児が持っていた物を渡すこともできる（図5-4）。提示行為

図5-3 ①指さし理解1
（10ヵ月，女児）。ママがボールを指さした。

図5-3 ②指さし理解2
この月齢時にはじめて，ママの指さす方向にキクエちゃんが視線を動かすようになった。この後，2人でボールを取りに行った。

第5章 世界を知る——認知

図5-4 手渡し（9ヵ月，女児）。ママの「ちょうだい」に，はいどうぞ。

図5-5 提示（10ヵ月，女児）。ラッパが上手に吹けた！まずはママにラッパを見せ，その後で筆者にも見せてくれた。「上手に吹けたよ」

は，乳児が他者に向かって自分の持っている物を見せる行為である[7]（図5-5）。こうした身振りを用いることによって，誰か（人）に何か（物）を伝える関係ができるのである。

(3) 三項関係が成立する発達的背景

三項関係は，注意を共有することと，意図を共有することが共にできるようになって成立する。

① 注意の共有へ

物を介したかかわりでは，乳児も大人も，今話題となっている特定の物に注意を向ける必要がある。注意の発達においては，大人のはたらきかけが重要な意味をもってくる[8]。大人は乳児の注意をいろいろなものに向けさせようとはたらきかけたり，大人が乳児の注意の方向性に合わせてかかわったりする。こうした大人のはたらきかけが，注意の共有を促す役割を担っている[9]。

② 意図の共有へ

　9ヵ月ごろになると，乳児は，他者が何かの行為をしているのは，その背景に，こうしたいという意図（目的）や動機があるからだと気づくようになる[10]［☞心の理論］。また，9ヵ月ごろは，乳児が自分の意図を，身振りや発声を使って他者に向かって表現しはじめる。この時期，乳児が他者の様子をじっと見たり，他者に事物を見せたり，要求を通すために粘り強く交渉する様子がみられる。それは，他者の意図をわかろうとしたり，自分の意図を伝えたりして，**意図の共有**をしようとしていることのあらわれなのである[11]。

p.144

【参考書】

麻生武（1992）『身ぶりからことばへ——赤ちゃんにみる私たちの起源』新曜社
やまだようこ（1987）『ことばの前のことば——ことばが生まれるすじみち1』新曜社

2 • ピアジェの発達理論I　保存

エピソード34　ちいさいおいす？　おおきいおいす？

　先日，家族で外食をしようということになって，百貨店のレストラン・フロアへ行きました。娘のハルナ（2歳11ヵ月）は何度か来た場所なので，食事をするということがわかったらしく，私に向かって，「ちいさい　おいすの　あるところが　いい」と言います。小さいお椅子？　あぁ，子ども用の高い椅子のことね。いつもレストランに入ると，あの椅子に座りたがるものね。ところが，すぐハルナは，「おおきい　おいすの　ところ」と言い直します。子ども用の高い椅子を，「大きい」と言うべきか，「小さい」と言うべきか，迷っているらしいのです。口の中でモゴモゴしゃべっているので，「大きい」と言ったことにも自信はなさそうです。子ども用の高椅子は，大人用の椅子に比べて，「小さい」のでしょうか。それとも，「大きい」のでしょうか。そんなことを考えていたら，発達心理学者のピアジェという人の，こんな研究を思い出しました。

　子どもの前に，ジュースの入ったコップを置きます。それを，子どもの目の前で，別の形のコップ（たとえば，狭くて背の高いコップ）に移し替えます。もちろん，一滴残らず移し替えるのです。ジュースの量が同じであることは，大人には当たり前のことです。しかし，子どもにとっては，コップが細くなったことで水面が上がるので，「ジュース　ふえた！」となるのです。見た目の形が変わっても量が変わらないことを，心理学では保存といいますが，幼児期の子どもの場合，まだ保存の理解ができていないので，このような間違いをするというのです。

　もちろん，今回のハルナの場合は，目の前で大人の椅子が変形して子ども用の椅子になったわけではないので，そもそも「量が増えたか減ったか」ということとは関係ありません。とはいえ，もうすぐ3歳になる娘の頭のなかで，大人の椅子より「狭く」「高い」子ども用の椅子の大きさをどのようにとらえるべきか，一生懸命考えたことがよく伝わってきました。大きい-小さい，高い-低い，重い-軽い，多い-少ない……。世界にはたくさんの物があって，子どもたちは，それに触れたり，動かしてみたり，いろいろな角度から眺めてみたりして，物に対する認識を発達させます。ハルナも，たくさんの経験を通して学んでいってくれることでしょう。

解説

(1) ピアジェの発達段階

ピアジェは，子どもの認知の発達は4つの**発達段階**を順番に通っていくと考えた[12]。それぞれの発達段階は，世界を理解する特有の枠組み（シェマ）をもっている。子どもは主体的に環境とかかわることによって，その認知の枠組みに適合するかたちで環境から情報を取り込もうとする。これを**同化**という。しかし情報と枠組みとのあいだにギャップが生じると，枠組みを修正しなければならない。これが**調節**である。このように環境との相互作用のなかで同化と調節を繰り返しながら，前の段階の認知の枠組みが組み直され，より高い段階の枠組みへと移行するのである［☞発達の原理］。 p.8

それぞれの発達段階が生じる年齢には個人差があるが，その順序は変わらない。ピアジェは，それぞれの時期の特徴をとらえて，早い順に感覚運動期，前操作期，具体的操作期，形式的操作期と名づけた（表5-1）。それぞれの段階には，特有の重要な概念の発達がある。

表5-1　ピアジェの発達段階

感覚運動期（誕生～2歳） 感覚と運動的活動を通して外界の事物を認知。物の永続性の獲得。
前操作期（2歳～6，7歳） 身振り動作や言語を用いた象徴的な思考ができるが，まだ非論理的である。他者視点をとることが困難なこの時期の性質を，自己中心性という。
具体的操作期（6，7歳～11歳くらい） 知覚的な特徴に左右されず事物の等価性を判断できる保存の概念が成立。具体物に即していれば，論理的な思考が可能になる。
形式的操作期（11歳くらい以降） 抽象的な思考が可能になる。具体物がなくとも，論理関係だけを思考の対象として推論できる。

(2) 物の永続性

「いない，いない，ばぁ!!」と顔を両手で覆い，その後，両手を開

いて顔を見せると，赤ちゃんは大喜びする。赤ちゃんはこの遊びが大好きだが，それはもちろん，他者とのやりとりが楽しいし，「ばぁ」と顔を出したときの表情がおもしろいからである。しかし発達という点から見ると，赤ちゃんがまだ**物の永続性**の概念をもっていいないゆえのおもしろさもあるようだ。

　物の永続性とは，物が自分の視野から消えてもやはりそこにあるということである。このことは，大人にとっては当たり前だが，感覚運動期の赤ちゃんにとってはそうではない[13]。たとえば，生後6ヵ月の赤ちゃんが興味を示して手を伸ばしているオモチャにタオルを掛けて隠してしまうと，赤ちゃんはどうするだろうか。大人やもう少し大きい子どもなら，手を伸ばしてタオルを取り除き，オモチャを取ろうとするだろう。タオルの下に依然としてオモチャがあることを知っているからである。しかし赤ちゃんは，タオルで隠されてしまうと，手伸ばしをやめ，視線もそらしてしまう。ピアジェによると，これは赤ちゃんが物の永続性を獲得していないためであり，赤ちゃんにとって，見えないものは存在しないに等しいのである。

　物の永続性を獲得する前の赤ちゃんにとって，いないいないばぁは，大好きな母親の顔が，突然消えたりあらわれたりするように見えているのかもしれない。

(3) 保存

　保存とは，知覚的な特徴（見た目）が変化しても，量や重さなどの対象の本質的な特徴は変化しないということである。保存の概念が未成立であることが，前操作期の大きな特徴のひとつである[13]。ピアジェは，数，量，重さなどについてさまざまな保存課題を研究している。図5-6のように，前操作期の子どもは，見かけの長さや高さにまどわされて，数や量まで変化したと思い，間違って答えてしまう。保存の概念を獲得することによって，子どもは外界を安定したものとして認識できるようになる。

数の保存

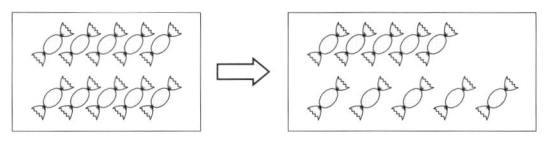

上下の列でキャンディが同じ数であることを確認

「下の列のキャンディが増えた！」

並び方を変えても数は変化しないが，前操作期の子どもは，保存の概念が成立していないので，見た目の列の長さの違いで判断して増えたと言う。

量の保存

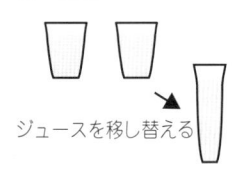

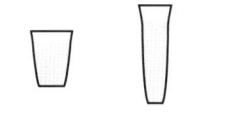

ジュースを移し替える

左右でジュースが同じ量であることを確認後，ひとつのコップのみ，形のことなるコップに移し替える

「背の高いコップのジュースの方が多い！」

背の低いコップから高いコップに移し替えても，ジュースの量は同じ。しかし，前操作期の子どもは，保存の概念が成立していないので，多くなったと言う。

図5-6　ピアジェの保存課題

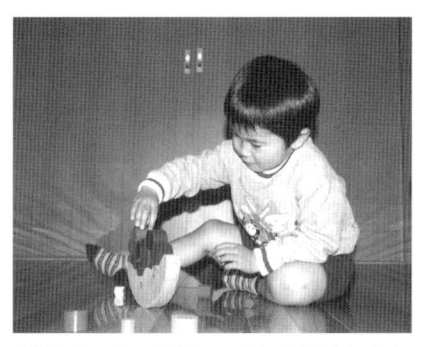

（3歳7ヵ月，男児）三日月の形をした台に丸いピースを乗せるゲーム。重さのバランスを推測しながら，慎重に…。

第5章　世界を知る——認知　　137

3・ピアジェの発達理論2　自己中心性

エピソード 35　子どもは自己中心的？

　4歳のミユキちゃんのお宅にうかがったときのことです。私はミユキちゃんと2人で遊んでいて、ミユキちゃんのアルバムを見せてもらうことになりました。ミユキちゃんはアルバムの正面に向いて座り、私は彼女の向かいに座っていました。つまり写真は、私から逆さに見えている状態でした。彼女は写真一つひとつについて一生懸命お話してくれているのですが、逆さからだと写真が見づらかったので、私は彼女のとなりに移動しようとしました。私が彼女のとなりに移るとなぜか、彼女はアルバムを持って私の正面の位置に移動してしまいました。やっぱり逆さでは見ずらいので、またとなりに移動すると、彼女もまた移動してしまい、おいかけっこのようになってしまいました。とうとう私はあきらめて、アルバムを逆さから見ることにしました。

　彼女は私がとなりに来るのをいやがっていたのでしょうか。それともいじわるしたのでしょうか。私はどちらでもなく、彼女が私には見えにくい位置に座ったのは、彼女の正面にいる私にも彼女から見えるのと同じようにアルバムの写真が見えていると思っていたからなのではないかと思いました。

　発達心理学者のピアジェは、このような子どもの理解のしかたの特徴を、「自己中心性」と呼びました。ミユキちゃんは彼の理論でいうと「前操作期」という段階にいることになります。ピアジェによると、この時期の子どもは目の前の事物や出来事を記憶して、考えたり想像したりできるようになってきますが、まだ大人と同じように考えることはできません。この時期の子どもには「自己中心性」という特徴があるからです。自己中心性というとわがままで利己的なイメージを思い浮かべそうですが、ピアジェのいう自己中心性は少し異なります。この時期の子どもはまだ他者の視点に立つことが難しいために、自分から見たときの見え方と他の人から見たときの見え方の違いがわからず、他の人も自分と同じように見ていると思っているので、自己中心的といったのです。ミユキちゃんも、私からの見えが自分とは逆になっているとは気づかず、常に正面に座ろうとしたのではないでしょうか。ただ、ここでは、「自己中心性」を3次元的世界の見え方に限定して使いたいと思います。この時期の子どもが他者の感情や意図についても理解できないとは、言えないからです。

エピソード36　おしゃべり大好き！

　アイちゃんはこの春から幼稚園の年中さんになりました。新しい制服を着たアイちゃんは，以前よりぐっとお姉さんぽくなりました。でも，見かけがお姉さんぽくなっただけでなく，まわりの大人とことばを使ってたくさん会話できるようになったことが，アイちゃんの成長をまわりに実感させるようです。アイちゃんも「だってもう4歳だもん」とか「もう大きいから抱っこはいいの」などと言ったりして，自分でもお姉さんぶりを意識しています。

　ところが，アイちゃんの成長ぶりがうれしい一方で，お母さんがちょっと困ることも出てきました。どうやらおうちの中での出来事を，外に行ってしゃべっているようなのです。このあいだは幼稚園に行ったとたん，先生に「今日ね，お父さんね，朝おでかけするときお母さんに"知らないよ"って怒って行っちゃったの」と言ってしまいました。お母さんはあわてて「あ，すみません，今朝ちょっとけんかしちゃって……」と言い訳をしたそうです。お父さんが怒鳴ったのはどうしてだろう，と子どもなりにいろいろ考えてのことだろうとは思いつつ，こんな具合におうちであった出来事を公開されてはたいへん，とお母さんは苦笑いをしつつ頭を抱えています。

　子どもが何をどのように話すかは，子どもの思考を垣間見る重要な手がかりです。思考とは，いわゆる考えたり思ったりすることです。そして，私たち大人は何かの問題を解決するような場合，たいてい，「心のなか」でことばを用いて考えます。子どもも，おおよそ小学校に入学するころには，大人と同じように心のなかでことばを使って考えるようになります。しかし，「心のなか」で考えられるようになるまでは，大人だったら「心のなか」で考えていることが「心の外」に出てきてしまうことがあります。言ってみてから考えるといったところでしょうか。幼児期では，誰かに何かを伝えるためことばを使うことがだいぶ上手にできます。それと同時に，自分で考えるためにことばを使う準備をしている時期でもあるのです。だからこそ，大人からすれば心のなかにしまっておいて欲しいことでも，子どもはしゃべってしまうという事態が起きるんですね。

　でも，こんなこともありました。アイちゃんがお母さんをちょっとばかにするようなことを言った翌朝のことです。朝起きたとたんにアイちゃんは，お母さんに「昨日はごめんね」と言って抱きついてきたそうです。いったんおしゃべりしてしまった後で，心のなかでよくよく考えているのかもしれませんね。

解 説

(1) 自己中心性とは

　　ピアジェによると，前操作期の段階にいる子どもは自己中心的である。ここでいう**自己中心性**とは，わがままや利己主義という意味ではなく，自分の見方・視点から逃れることができず，他者が自分とは異なる視点をもっていることが理解できないことをさしている［☞発達の原理］。ピアジェはのちにこれを誤解のないように「中心化」と言い換えた。 p.8

　　この自己中心性を確かめるために用いられたのが，「三つ山課題」（図5-7）である。この課題では，山の向こう側にいる人形から見える風景を推測する。前操作期にいる子どもは自分と人形の視点の違いに気づかず，自分から見える風景と同じ風景が人形からも見えると答えてしまう。三つ山課題に正解することができる，つまり他者の視点の理解が可能になるのは，具体的操作期になってからである。

　　しかし近年，ピアジェの考え方に疑問が投げかけられている。ピアジェの課題はあまりに子どもの日常生活からかけ離れており，もっと親しみがある設定に課題を変えれば[14]，前操作期の子どもでも他者と自己の視点を混同することなく，他者からの見えを正しく理解することができるのである。たとえば，子どもにとってなじみのあるキャラ

図5-7　立体模型による実験
（Piaget & Inhelder, 1956. 村田孝次（1990）『改訂版　児童心理学入門』培風館）

クターを使って，そのキャラクターからの見えを推測させると，前操作期にいる幼児でも，他者からの見えを推測することができる[15]。ピアジェのいう具体的操作期になれば，場面が自分にとって親しみやすいかどうかなどの状況に左右されることなく，他者の視点が理解できるようになる。

(2) 私的言語（プライベートスピーチ）

　　就学前の幼児は，日常的な活動に熱中しているときによくひとりごとを言う。このひとりごとは，**私的言語**（プライベートスピーチ）と呼ばれ，子どもの自己制御に関連があると考えられている。この私的言語に関しては，まったく異なる2つの考え方があった。

　　ピアジェは，このひとりごとを自己中心語と呼び，子どもの自己中心性のあらわれであるととらえた。他者の視点を理解できない（自己中心的である）ために生じるのであるから，ピアジェにとって私的言語は前操作期段階の子どもの未熟な認知のあらわれにすぎず，子どもの発達にとって重要なものであるとは考えなかった。

　　しかし，ロシアの心理学者ヴィゴツキーは，ピアジェとは逆に，幼児のひとりごとを非常に重要なものであると考えた。ヴィゴツキーは，ことばを**外言**と**内言**という見方からとらえた[16]。内言というのは自分へと向かう思考のためのことばであり，外言は他人へ向かうコミュニケーションのためのことばである。ことばは，はじめは内言と外言に分かれておらず，すべて社会的コミュニケーションの手段として用いられる外言である。その一部がしだいに，自分自身への発話や，自分の行動を導くためのことばとして使われるようになる。この自己調節的なことばが私的言語であり，これが内化されて内言となる。つまり私的言語は，のちに自分のためのことばとなる内言への移行形態なのである。図5-8[17]には，子どもの行動を導く母親のことばが，子ども自身のことば（私的言語）になっていくプロセスが描かれている。私的言語は就学前の3歳から5歳くらいにピークを迎え，はっきりとしたかたちで聞き取ることができる。それ以降はささやきや聞き取れない不明瞭な声になっていくが，小学校低学年のあいだであっても，少

(1) C：あら。（C、モデルパズルをちらりと見てから、ピースの山をじっと見る。）あら、これ、どこかな？（Cは黒いピースの山から取り出し、コピーパズルをじっと見る、ふたたびピースの山を凝視。）
(2) M：**こっちだと、どこにあるの？**（Cは持っていた黒いピースを山に返して、ピースの山をじっと見る。）
(3) M：**あっちのトラックよく見て、どうなっているの？**（Cはモデルパズルをじっと見て、ピースの山をちらりと見て、再びモデルパズルを見て、そしてピースの山をちらりと眺める。）
(4) C：うーん。（Cはコピーパズルをじっと眺めてから、ピースの山をじっと見る。）
(5) C：これ、調べてみよう。
(6) C：うん、こっちのパズルには、黒いのがここにあるわ。（Cはモデルパズルの黒いピースを指差す。）

(7) C：（Cはピースの山を眺めて、次にコピーパズルをじっと見る、そしてピースの山からオレンジ色のピースを取りあげる。）ねえ、今度はこのオレンジ色はどこだと思う？
(8) M：**あっちのトラックではどこにある？**（Cはモデルを見る。）
(9) C：ここだ。（Cはモデルのオレンジ色のピースを指差す。）オレンジ色はここよ。

(10) C：（Cはピースの山をじっと見て、黄色のピースを取り上げる、そしてじっとコピーパズルを見る。）**それで、どう……それで、どこに……それで……。**（Cはモデルをじっと見る。）
(11) C：ほら……ほら……黄色のが横だ……黄色がとなりにあるよ。（Cはモデルの黄色のピースを指差す、そして手の中にある黄色のピースを見る。）
(12) M：オーケー。

注　C：子ども、M：母親
　　ここで親子が取り組んでいる課題は、パズルの山からピースを選んで、モデルと同じもの（コピー）を作ることである。コピーを作るためには、モデルを見なければならない。

母親による助言によって、課題（モデルでの位置を確認する）を解決

自らのことばによって、課題解決
←私的言語の現れ

図5-8　母と子の相互作用場面における私的言語
（ワーチ，J. V.／田島信元・佐藤公治・茂呂雄二・上村佳世子（訳）（1995）『心の声――媒介された行為への社会文化的アプローチ』福村出版より作成。太字強調、解説は筆者による。）

し難しい課題に取り組んでいるときや，作文をするときなどに使用される[18]［☞自己制御，心の理論］。

【参考書】
浜田寿美男編（1996）『別冊発達20　発達の理論——明日への系譜』ミネルヴァ書房
バーク，L. E.・ウインスラー，A./田島信元・田島啓子・玉置哲淳（編訳）（2001）『ヴィゴツキーの新・幼児教育法——幼児の足場づくり』北大路書房

4・心の理論

エピソード37　どこにやったの？

　1歳半をすぎ，いたずらばかりするシュント。つい先日も，こんないたずらをしました。

　シュントの姉（5歳）が翌日着ていくために出しておいた洋服を，シュントが隠してしまったのです。隠したといっても，ソファの後ろに落としただけですが，ちょっと目を離したすきになくなったので，姉はびっくり。「洋服がないっ！」と大声をあげました。

　その大きな声にあわてたシュントは，洋服を隠したソファに駆け寄り，ソファになだれ込むように横になって，振り返って姉を見つめます。どうも，シュントは自分が隠した洋服を見つけられないように，自分の身体で覆っているようです。その表情の真剣なことといったら……。それに，ソファの方へ行くと隠した場所が見つかってしまうのに……。端から見ていて，笑ってしまいました。

　ところで，このいたずらがおもしろかったのは，シュントがソファになだれ込みながら，姉を振り返っていたことです。シュントは，姉をじっと見つめ，洋服を探す姉の視線を探っていました。私たちは，他者の目を見て，その人が何を見ているかすぐわかります。ところがそれは，シュントよりもっと小さい赤ちゃんには難しいことなのです。考えてみれば，視線という「線」はそもそも見えないのですから（漫画などでは点線で描かれたりしますが），赤ちゃんが「他者が何を見ているか」を理解できなくても不思議はありません。子どもは，生後1年半くらいまでに，他者の視線を理解できるようになるのです。

　他者の視線の理解はとても単純なことですが，これは後に続くさまざまな発達の基礎となります。たとえば，お母さんが犬を見て，「ワンワン！」と言ったとしましょう。子どもにお母さんの視線が理解できないなら，子どもの視野にあるありとあらゆる物（木や石ころや犬を連れている人……見えるすべての物）のなかの，どれが「ワンワン」なのかわかりません。他者の視線を理解できるようになるということは，他者と同じ物を見ることができる，ということなのです。これを，心理学では共同注意といいますが，他者と同じ物を見ることができるからこそ，同じ物に興味を注ぎ，同じ物について語ることができるのです。そしてこれは，ことばの発達にも，共感性の発達にもかかわるのです。

　シュントのいたずらのなかに，大きな発達の第一歩を見つけて，少しうれしくなった私でしたが，数日後，このいたずらに困らされてしまいました。私の鏡台からドライヤーが隠されてしまったのです。家中探したのですが，いまだに見つかりません。

エピソード38　本気じゃないよ

　2歳3ヵ月のメイちゃんはアイスクリームが大好きです。暑い夏の時期はなおさらです。さぁ今日も待ちに待ったおやつの時間がやってきました。メイちゃんはイスに腰掛けて大事そうに食べはじめます。そしてときおり，私やお母さんを見て自慢気な表情をしたりしています。そんなとき，お母さんがちょっとからかうつもりで「メイちゃん，お母さんもアイス食べたいな。ちょうだいよ」と言いました。それを聞いたメイちゃんは，お母さんの「ちょうだい」を真剣に受け止めてしまったのか，さっと顔色を変えてショックを隠せない様子です。さて，メイちゃんはお母さんの「ちょうだい」にどう対応したでしょうか。怒って泣いたでしょうか，それともうまくはぐらかしたでしょうか。

　そもそもお母さんは，どうしてもアイスが欲しかったわけではありません。実際，ニヤニヤしながら手を差し出していました。メイちゃんがあんまりおいしそうに食べているのを見て，ちょっとからかいたくなったんですね。相手の行為を「からかい」として受け止めるためには，とても複雑な理解が必要です。一般にコミュニケーションというのは，話し手がことばや身振りによって発したメッセージを聞き手が正しく受け取ることで成り立ちます。たとえば，親が「ちょうだい」と手を差し出すと，1歳ころの子どもは持っているオモチャを手渡します。これは，相手が手を差し出すという身振りによってあらわした要求のメッセージをきちんと受け取ったからこそ成り立つコミュニケーションです。ところが，同じように「ちょうだい」と言っても，いつも要求のメッセージを発しているとは限りません。「ちょうだい」と言いつつニヤニヤするとき，そこには「ちょうだいって言ってるけど冗談よ，本気じゃないのよ」というメッセージが含まれています。つまり「ちょうだい」と言うことで，ふざけ合ったりじゃれ合ったりしたいという遊び心も表現しているわけです。ですから，一方がからかったとき，他方がこの遊び心も受け取れてはじめて，からかいのコミュニケーションが成立します。だから，誰とでもふざけ合ったりできるわけではないですよね。この遊び心いっぱいのコミュニケーションは，親しい間柄だからこそ成り立つものです。

　さて，冒頭のメイちゃんは，大好きなアイスをお母さんにねだられて一瞬顔色を変えましたが，ゆっくりとアイスを差し出しました。そして，お母さんが食べようとした瞬間にさっと手を引っ込めて，「これはメイちゃんのだからだめ」と言いました。どうやらメイちゃんは，お母さんの「ちょうだい」をからかいと理解して応えたようです。

解 説

(1) 心の理論とは

　私たちは，笑っている人を見ると，何かうれしいことがあったのだろうと思うし，泣いている人を見ると，何か悲しいことがあったのだろうと思う。また，異性に電話番号やメールアドレスを尋ねられると，自分に好意があるのではないかと浮かれてしまうこともある。私たちは，他者の表情や行動から，その背景にある感情や願望，意図，信念といった心の動きを推測しようとする（ちなみに，心理学で**信念**というとき，単にそうだと思っていることを意味し，教理や思想を固く信じているということではない）。目で見たり，耳で聞いたりできる他者の表情や行動を手がかりにして，直接，見ることも聞くこともできない他者の心のはたらきについて理解しようとすると，推測ための理屈や理論が必要である。そこで，他者の心について推測するためのこのような推論システムを，**心の理論**という。

(2) 心の理論の発達

　子どもは，心の理論をどのように発達させるのだろうか。他者の心を理解するためには，他者の視点に立って世界を見る必要がある。その第一歩となるのが，他者の視線の理解である。つまり，他者が，そこにある自動車のオモチャを見ているのか，それとも，窓の外の飛行機を見ているのかがわかることである。

　赤ちゃんはしゃべれないので，赤ちゃんに，他者が何を見ているかがわかるかどうか尋ねることはできない。しかし，他者の視線の先にある対象を赤ちゃんも見つめるかどうかを見れば，他者の視線をどの程度理解しているかの目安となる。他者と自分とが，同じ対象を同時に見ることを**共同注意**（あるいは，注意の共有 [☞二項関係から三項関係へ] という[19]。

　視線による共同注意は，生後6ヵ月から18ヵ月にかけて，しだいに発達していく。他者が，子どもの視野の範囲にある対象物を見るために顔を大きく動かすと，生後6ヵ月ごろの赤ちゃんでも他者の視線を

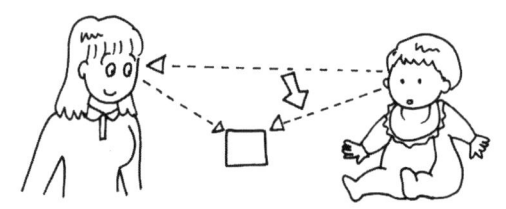

6ヵ月児　子どもの視野内なら，他者の視線の先にある対象を見ることができる。

12ヵ月児　いくつかある対象物のなかから，他者が見つめるたったひとつを選ぶことができる。

首を動かさなくとも，目の動きだけで，他者の視線の先にある対象を見ることができる。

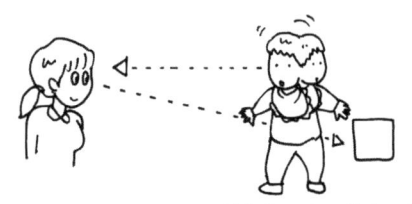

18ヵ月児　自分の視野の外，背後にある対象物でも，他者の視線を追うことができる。

母親と赤ちゃんが対面して座る。母親がいろいろな場所に視線を向けると、赤ちゃんは年齢が増すにつれて、しだいに複雑な視線も読み取ることができるようになる。

図5-9　他者の視線の理解
(Butterworth, G. E. & Cochran, E.（1980）Towards a mechanism of joint visual attention in human infancy. *International Journal of Behavioural Development*, 3, 253-72.; Butterworth, G. E. & Jarret, N. L. M.（1991）[20] より作成）

目で追うことができる。12ヵ月までに，他者が顔を動かさずに，目だけで対象物を見つめたときにも，子どもはその視線を追うことができるようになる[20]。また，いくつかある対象物のなかから，他者が見つめているものがどれかもわかるようになってくる[21]。そして，18ヵ月までに，子どもは，他者が自分の視野の外のもの，自分の背後にあるものを見つめているときにも，振り返って，その対象に自分の視線を向けることができる。子どもは，他者の視線の先にあるものを知ることで，他者が何に関心を向けているかを知ることができるようになるのである。

そして，1歳前後から2歳ごろまでに，子どもは他者をからかったり[23]，だましたりするようになる[24]。もちろん，大人のからかいやだましとは違って，他愛のないものである。たとえば，いたずらっぽく笑いながら，わざときょうだいがいやがること（持っていたオモチャを取り上げるなど）をしたり，本当はお菓子を食べたのに，「食べたの？」と親に聞かれて，「ううん」と首を振ったりするようなことである。からかったり，だましたりできるのは，他者が，自分の行動（オモチャを取り上げたり，「ううん」と首を振るなど）をどのように理解するかを理解している，つまり，他者の心を予測していることのあらわれである。私の息子も2歳ごろ，叱られているときに，わざとニヤッと笑ってみせることがよくあった。私としては，真剣に叱っているのに息子にニヤッとされて，つられて吹き出してしまったものだ。これも息子が，私の心の動きを見透かしていたことを示している。

4歳ごろになると，さらに複雑な推測もできるようになる。図5-10の男の子は，チョコレートがどこにあると思っているだろうか。男の子は，お母さんがチョコレートを移したことを知らないので，机の引き出しにあると思っているだろう。この思いこみは，現実にチョコレートがある場所とは異なるので，**誤信念**といわれる。4歳より前の子どもは，現実の出来事（チョコレートは食器棚の中）と，男の子の思っていること（チョコレートは机の引き出し）とを混同してしまい，「男の子は，チョコレートを食べるために，食器棚を探す」と答えがちである。しかし，4歳になり，他者の心を他者の視点に立って推測できるようになると，「男の子は，机の引き出しを探す」と答えられ

> 男の子がチョコレートを居間の引き出しにしまって，遊びに出かける。その間に，お母さんがそのチョコレートを台所の食器棚に移す。それから男の子が帰ってきて，チョコレートを食べようとする。男の子は，まだチョコレートをどこに置いたか覚えている。
> 　子どもに，「男の子は，どこを探すだろうか」と質問する。

図5-10　誤信念の課題
(アスティントン，J. W. ／松村暢隆（訳）(1995)『子供はどのように心を発見するか』新曜社 を改変)

るようになる[25]。

（3）だます行為にみる他者の心の推測

　5, 6歳になると，わざと真顔で相手を信じさせておいて，だまされたと言って喜ぶようなやりとりがときどき見られるようになる。
　たとえば，かくれんぼをする場合を考えてみよう。6歳のマキちゃんと3歳の妹と筆者でかくれんぼをしたときのことである。妹がある場所に隠れた。マキちゃんはその場所を知っていたが，筆者は知らない。筆者が「あれ？　どこかな」と言って探し続けている横で，マキちゃんは自分だけが妹の隠れ場所を知っていることに，こらえ切れないようなスリリングな楽しさを身体いっぱいにあらわしながら，「そっちじゃないよ，こっちだよ」と筆者を引っ張り回す。しかし，マキちゃんの連れて行った場所に妹はいない。筆者が「あれ，またいない

ね」と少し大げさに驚くと,そのたびにマキちゃんはきゃあきゃあと大喜びである。

　ここで,筆者がマキちゃんの言うのを真に受けて,うその隠れ場所を真剣に探すのを見て大喜びできるのは,自分がもっている信念(本当の隠れ場所)と,他者のもっている信念(うその隠れ場所)との違いがわかるからである。子どもが自分と他者の信念を区別できれば,他者の心を読んで,他者に偽の情報を与えることができる。また,子どもは他者が自分の心を読んでいることに気づけるようにもなる。マキちゃんは,筆者がマキちゃんの様子をうかがいながら,妹の隠れ場所を特定しようとしているのを見て,とうとう耐え切れずに白状してしまった。もう少し年齢が上がれば,相手が自分の心を読んでいることを利用して,自分の行動を相手がだまされるように調整することもできるようになるだろう。

　自分と他者のもつ信念を区別するようになると,他者の心を読んだり,自分の心が読まれていることに気づくようになる。こうして遊びのなかで,だましたり,だまされたりといったことをうまく使いながら,他者の心を推測する力を深めていくのである[26]。

【参考書】

アスティントン,J.W./松村暢隆(訳)(1995)『子供はどのように心を発見するか』新曜社

🍵こぼれ話

サンタクロースはいる？ いない？

　あなたはサンタクロースを信じていましたか？　もし信じていたとしたら，何歳頃まで信じていたでしょうか。サンタクロースとは，トルコの司教セント・ニコラウスの伝説が，オランダ系移民とともにアメリカに伝わり，そのオランダ名がなまったものです（『広辞苑』第5版，岩波書店）。タッ君は小1ですが，もちろんサンタを信じています。秋口くらいからお母さんはタッ君を叱るときに「いい子にしてないとサンタさん来ないかもねー」と言うようになります。そのたびにタッ君は顔色を変えて，「お母さん，もうしません，ごめんなさい」と言います。就学前や小学校低学年くらいまでは，サンタは本当にいると信じている子どもが多いようです。

　しかし，サンタは想像上の人物です。就学前後の時期ともなれば，現実と想像の世界を区別する力を持っています。ごっこ遊びを楽しめるのは，現実的には私は私だけれども，今はお母さんの役を演じているということを理解しているからです。現実と空想の世界を行ったり来たりできるとしたら，サンタは現実にはいないけれど，いるふりをしているのでしょうか。私にはタッ君は，本当にサンタがいると信じているように見えます。このように子どもたちが頑なに（？）サンタを信じる背景には，大人の影響があります。周囲の大人がサンタを信じる態度をとっていると，子どもも信じる傾向にあります。私たち大人にも，サンタはいると信じたい気持ちが心の奥に残っているのではないでしょうか。

〔塚田-城みちる〕

5 • 記憶の発達

エピソード 39　発達の影に記憶あり

　先日2歳になったタカくんのお母さんは，タカくんが思いがけないことをしてびっくりする毎日だと話してくれました。たとえば，台所の魚焼きのあたりで遊んでいるから何をしているのかとそっとのぞいたら，積み木を網の上にのせて焼くふりをしていたことや，久しぶりにおばあちゃんが家に来て一緒にご飯を食べようと椅子に腰掛けたら，そこはいつもパパが座っている席だと言わんばかりに怒っておばあちゃんをどかしたなどです。とりたてて教えたわけでもないのに，日ごろの大人の生活を見て，それを子どもなりに記憶していることがわかって，思わず苦笑いしてしまいます。

　子どもの記憶の発達は心のなか（頭のなか？）のことだけに，なかなか研究が難しいのですが，成長するにしたがって記憶する情報量も時間も長くなることがわかっています。赤ちゃんのうちは身体的動作を伴う記憶が主です。たとえば，いないいないばぁなどを赤ちゃんが楽しめるようになるのも，いったん隠れた顔が「ばぁ」といった拍子にぬっと出てくる一連の流れを覚えたからこそといえます。また，いやいやが盛んになる時期，「これじゃなくてあれがいいんだ！」という子どもが見せるちょっとしたこだわりも，特定のものを記憶する力があるからこそです。

　ところで，子どもが経験を鮮やかに記憶できるにもかかわらず，大人になったときにそれを思い出すのはかなり困難です。この矛盾を最初に指摘したのは，かの有名なフロイトです。フロイトは，子ども時代の体験は忘れられてしまうのではなく，無意識に閉じこめられて残っていて，その後の人格形成に深く影響を及ぼすと指摘しました。最近では，経験したことを記憶するための方法が大人と子どもではまったく異なるために，大人になると子どものころの記憶をうまく思い出すことができないとする見方もあります。つまり大人は，ことばを使って経験したことをストーリーにしたてて記憶するのに対して，まだことばを使いこなせない子どもはそうしていないので，大人は幼児のころの記憶をうまく思い出せないというのです。

　いずれにせよ，いったい子どもがどんなことをどんなふうに記憶しているのかは，まだまだ謎といえますが，先だってこんなエピソードを聞きました。なかなか1人でお留守番ができないマリちゃん（5歳）が，お母さんにそのわけをお話してくれたそうです。もっと小さいころスーパーで迷子になって，とても恐い思いをしたことが今でも忘れられない，だから一人になるのが恐いんだと。子どもは，体験したときにたとえことばでそれを表現できなくても，ずっと心のポケットにしまっている，とだけはいえるのではないでしょうか。

解 説

あなたの最も幼いときの記憶は何歳ごろのものだろうか。大学の授業で学生に尋ねたところ，たいていの場合，幼少期にまでさかのぼる。しかし，大人になってから子どものころの記憶を思い起こそうとしても，あまりたくさんのことは思い起こせなかったり，たとえ思い起こせたとしても細部までは正確に思い出せなかったりする。そのため，幼いころの記憶は当てにならないもののように感じるかもしれない。しかし私たちの記憶は，人生の早期からはたらきはじめているのである。

(1) 胎児期・新生児期の記憶

胎児のときにすでに，記憶のはたらきがはじまっている。たとえば，泣いている新生児に母親の心臓音を聞かせると，泣きやむなどの鎮静効果があるが[27]，胎児のときに母親の胎内で聞いていた音（心臓音）を覚えていて，それを聞くことで安心するのであると思われる。こんな研究もある。胎児に五七五調のリズムをもつ俳句を繰り返し聞かせ，出生後，その俳句と，別の刺激とを聞かせたたところ，俳句と別の刺激とを聞いているときの新生児の心拍音が異なっていた[28]。胎児期に体験したこと（聞く体験）を覚えていたためであると考えられる。このように胎児には，従来考えられていたよりも多くの記憶の力が備わっているといえそうである。しかし，胎教といわれるような早期教育の効果については，まだ胎児の心理状態がよく解明されていないので，疑問も投げかけられている[27]。

(2) 幼児期の記憶の発達

幼児期になると，体験したときから時間がたっても記憶に留めておくことができるようになる。また，覚えていることを行動やことばで表現できるようにもなる。覚えている内容をことばで言いあらわすことは，長く記憶に留めておくうえで重要な役割を担っている。

① エピソード記憶

　2歳ころになれば，昨日あった出来事についてお話してくれる。筆者が2歳のカオリちゃんと遊んだときのことである。カオリちゃんは母親にたかいたかいをしてもらうのが大好きである。ところが，母親が第2子出産の直前であったため，このところ身体を使った激しい遊びができない。そこで，筆者が代役をかってでて，午後いっぱい，たかいたかいをしたりして，身体を使って多いに遊んだ。その翌朝のことである。カオリちゃんは父親に「ひゅーんひゅーん，ちる（筆者の呼び名）がね，ひゅーんひゅーん」と言って，昨日たかいたかいをして遊んだ場所でピョンピョンと飛び上がってみせたのである。母親の説明も加わって，父親は昨日の出来事を理解することができた。このように2歳ともなると，すべてをことばで説明はできないにしても，特定の時間に特定の場所であった出来事を記憶し，思い起こすことができる。この特定の時間や場所に関連した出来事の記憶を，**エピソード記憶**という[29]。

② イベント記憶

　3歳をすぎるころになると，体験した出来事を順序立てて話してくれるようになる。たとえば，「マクドナルドに行ったときのことをお話して」と求めると，3歳児でも，マクドナルドでの個々の出来事の記憶（エピソード記憶）をもとに，時間の流れにそって，まず食べるものを注文して，先にお金を払ってからそれを受け取って……というように，適切な順序でストーリーに組み立てて話すことができる[30]。

　外食するときや，園生活での一日（食事や遊びやお昼寝の順番など）や，お誕生日会での出来事（プレゼントを渡してからケーキを食べるなど）には，それぞれに典型的な行為の流れがある。これを，**スクリプト**という[31]。スクリプトとは，ある場面での台本，筋書き，という意味である。スクリプトは，年齢が上がれば上がるほど，含まれる行為や条件が多くなって複雑になっていく。スクリプトが形成された記憶を，**イベント記憶**という[32]。

　体験した出来事のスクリプトが形成されるには，ことばが重要な役割を担っている。体験した後で，その体験について話せば話すほど，

後になってよく思い起こすことができる。4歳児から6歳児を対象に，家族で旅行した体験を6ヵ月後，18ヵ月後に思い起こしてもらったところ，旅行の後，そのことについての家族の会話が多かったほど，18ヵ月たってもよく思い起こすことができた[33]。そして，家族で会話する体験をすると，4歳児も6歳児と同じくらいよく思い起こすことができた。体験したことをことばで表現しあうことがスクリプトの形成を助け，情報を記憶に長く留めさせ，また思い起こすのを助けるのである。

ただし，出来事をいったんスクリプトとして記憶すると，スクリプトに含まれなかった情報は，後に思い起こそうとしても思い出しにくくなる。覚えたり思い起こしたりという記憶の作業は，スクリプトの形成と関連しあっているのである。

【参考書】
高野陽太郎（編）（1995）『認知心理学2　記憶』東京大学出版会

6 ● 時間概念の発達

エピソード 40　未来予想図は……

　姉のマイちゃん（6歳）と妹のアヤちゃん（3歳）のお母さんにとって，今日はとても心配な日です。数日前から，お母さんの首に大きなおできができてしまって，今日は朝から病院に行って，切除してもらう日だからです。お母さんは，留守中の子どもたちのことがとても心配でしたが，マイちゃんは幼稚園で元気に一日を過ごし，アヤちゃんも家で機嫌よく過ごしました。夕方になって，病院から戻ってきたお母さんは，子どもたちが機嫌よく過ごしていたので，ようやく安心し，その日病院での一部始終を，私たち大人に話しはじめました。手術は大成功で，病状もまったく心配ないものだったのですが，途中だいぶ痛い思いをしたことを，迫真の演技も交えておもしろおかしく私たちに伝えてくれました。もちろんずいぶん大げさな表現でしたので，私たちも本気半分で笑いながら話に聞き入っていました。

　子どもたちもわたしたち大人と一緒にいて，話し込むお母さんをじーっと見ていました。すると，妹のアヤちゃんは突然お母さんの首のあたりに手を差し出して，傷のあたりをそっとなでてあげました。お母さんの痛みに共感して，思わず慰めたくなったようです。ところが，姉のマイちゃんは，やにわに椅子から立ち上がったと思うと，「ママ，そのお話，もうしないで！」と強い口調で言いました。それはそれはすごい剣幕でしたが，マイちゃんの顔は半泣きで，まるで何かを恐がっているようにも見えました。そこで私は思わず「マイちゃん，恐いの？」と聞くと，しばらくくちびるを噛みしめていましたが，「だって，マイちゃんも大きくなったらママと同じ大きなおできができちゃうかもしれないでしょ。だから，恐くなっちゃったんだもん！」と身体を震わせてお話してくれました。

　今度のお誕生日は△△が欲しい，大きくなったら○○になりたいなど，過去や現在や未来という時間的つながりのなかで自分自身をとらえる力を，時間的展望といいます。私たちが今度の休みの計画を立てて楽しみに思ったり，将来起きる出来事を考えて現状を耐え忍んだりできるのは，この時間的展望をもてるからこそです。この時間的展望の力が開花するのは，おおよそ4，5歳ごろです。どうやらマイちゃんも，大きくなったらおできができてしまうかもしれない自分の姿を思い描けるようになったのです。一方，まだ3歳のアヤちゃんは，そんな姉をよそにテレビを見ながらアイスクリームを食べている姿が印象的でした。

解 説

(1) 時間的展望

　　4歳半になったタツヤくんは,「大好きなプリンを食べるのはお昼寝から起きてからね」とお母さんに言われると,大急ぎでお昼寝の布団にもぐり込むようになった。少し前までは,どんなに眠くてもプリンを食べると言ってゴネていたのに,起きてからプリンを食べることを納得するようになったのである。時間的に先のことを見通して,お昼寝する現在の自分と,起きてからプリンを食べる未来の自分を関連づけられるようになったのだろう。

　　このように,現在の自分と未来の自分とを関連づけたり,現在の自分と過去の自分とを関連づけたりして一貫した見通しをもつことを,**時間的展望**という[34]。現実の自分は今という現在に縛られているが,心理的には現在だけでなく,過去へも未来へも,自由に時間を行き来することができる。時間的展望をもつことによって,将来を思って今何をしたらいいのかを考えたり,過去の失敗を繰り返さないように将来のために準備するなど,現在の自分の行動を調整・決定することができるのである[35]。

(2) 時間概念の発達

① 乳児期

　　乳児期の早いうちから,物事の時間的関係にはかなり敏感である。ある出来事Aが起きると,次にBという出来事が起きるという因果関係の理解は,生後数ヵ月からみられる。因果関係の理解は対人的なかかわりにおいてもみられる。たとえば,乳児は,自分がこうしたら（お腹がすいて泣いたら）,母親が次にこうするだろう（おっぱいをくれるだろう）という期待をもっている。また,生後数ヵ月の乳児と母親が,対面して微笑みあうなどのやりとりをしている最中に母親が無表情になると,乳児は怒ったり,むずかったりする。乳児が不快になるのは,自分がはたらきかければ,時間的にすぐ続いて母親が応じることを予想しているからこそである[36]。

② 幼児期

　2歳をすぎるころになると，「きのう」や「あした」ということばを使い始める。しかし，「きのう，どうぶつえんにいったの」と言ったときでも，必ずしも昨日であるとは限らない。現在より時間的に前のことを総称して「きのう」と言っていたりする。また，2歳の前半では，自分の赤ちゃんのときの写真を見ても，それを自分とは思わない。それが，3歳ごろになると，赤ちゃんのときの写真を見て，自分だとわかるようになる。過去の自分と現在の自分との関連づけが芽生えはじめる。

③ 就学前期

　4歳2ヵ月のサトミちゃんは，「今何歳？」と筆者に聞かれると「4歳」と答え，「昔は3歳だったの。赤ちゃんのときは1歳だった」と答えてくれた。ちなみに今はおねぇちゃんだから赤ちゃんではないと言う。また，サトミちゃんは幼稚園の年少であるが，「年中さんになったらバス（幼稚園の送迎バス）にのれる」と言って，先の自分の姿を思って楽しみにしたりもできる。

　過去の自分，未来の自分という見通しをことばで表現するようになることと，子どもが自分自身を客観的に評価する**自己評価**の発達と関連があるといわれている［☞自己評価の発達］。たとえば，ある研究で，実験者と子どもがゲームをしているときに，子どもに気がつかれないように，子どもの頭部にシールを貼り，その様子をビデオで撮影した。その後，そのビデオを子どもに見せて，そのシールが貼られたのはいつか，またシールが貼られたことを知ったのはいつかを，3歳児，4歳児，5歳児に尋ねた[37]。シールは，今ビデオを見ているときより前に貼られたが（過去のこと），シールが貼られていることに気づいたのは今である（現在のこと）。過去の出来事と現在のことを区別して答えられるのは，4歳以降である。3歳児では，映像上のシールに気づいていながら，自分に貼られているシールをはがそうとしないなど，過去に撮影された映像を現在の自己と無関係なもの，いわば“他人事”であるかのように反応した。これに対して，シールは以前

に貼られたものであり，貼られたのに気づいたのは今であるというように，過去と現在とを区別して関連づけるのは4歳以後であった。さらに，4歳ごろに，過去に自分に起きた出来事と現在の自分を関連づけられるようになると，シールが頭部についている自分の映っているビデオを，他者に見られたくないと言うようになる。見られると恥ずかしいと感じるようになるのである。恥は，自己評価の発達に関連して生じる情緒である［☞一次的感情から二次的感情へ］。過去の自分自身を，他者を見るかのように客観的にとらえられることは，今という時間に縛られずに，心理的に過去や未来へと自分を自由に行き来することと関連している。

④ 学童期

学童期になると，1日や1週間内の出来事（日曜日の次は月曜日など）のような時間範囲を越えて，さらに理解できる時間的な幅が広がる。8歳ごろでは，季節ごとの行事の順番や，大きな休暇の順番など，1年の範囲に及んで理解できるようになる。また，1月の次は2月という月の順番を，季節と結びつけて理解できるようにもなる[38]。

【参考書】
白井利明（2001）『〈希望〉の心理学——時間的展望をどうもつか』講談社現代新書

7・模　倣

エピソード 41　「ややこしや〜」

　ドテッと座り込んで，テレビを見ていた息子のシュント（2歳半）が，突然，嬉々として立ち上がり，テレビの前に駆け寄りました。そして，お尻を突き出して横歩きをしたり，手を打って飛び跳ねたりしはじめました。「ややこしや〜，ややこしや〜……」
　そうです，シュントは，教育テレビの『にほんごであそぼ』という番組の，「ややこしや〜」の真似っこをしているのです。これは，狂言を取り入れた子どもの表現遊びです。少し前まで，狂言特有の雰囲気を恐がっていたシュントですが，今では，この「ややこしや〜」がはじまると，すっ飛んできて真似っこしています。
　ところで，子どもはいつごろから，この真似っこ——模倣——ができるようになるのでしょう？　なんと！　生後すぐの赤ちゃんでも，模倣ができるのです。とはいえ，この模倣は特別なもので，「ややこしや〜」の真似っことは性質が異なります。どのような模倣かというと——。ご機嫌のいい赤ちゃんと向かい合い，赤ちゃんの顔に少し近づき，赤ちゃんの視線をとらえます。そして，ゆっくりと口を大きく開いたり閉じたりします。すると，赤ちゃんの口元がモゴモゴ動き出し，ゆっくり開閉を真似します。生後すぐから見られるこの模倣は，相手を見つめているうちに，身体が吸い込まれるように共鳴して生じるといわれています。そして，生後5，6ヵ月ころになるとあまり生じなくなり，これと入れ替わりに，生後8ヵ月ころから，本物の模倣，つまり，意図的な模倣がみられるようになります。意図的な模倣とは，子どもが模倣したいと思うものを見て，自分の手足をそれと同じように動かそうとするものです。子どもの発達に伴って，模倣も上手になります。小さいころは，目立った部位しか模倣していなかったのが，細かいところまで上手に模倣するようになります。「ややこしや〜」に夢中なシュントは，2歳なりに模倣も上手になってきました。ところが，上手に真似っこができるようになってからも，もっともっと上手に真似しようと思っているかのように，真似したい対象を真剣に見つめています。
　模倣とは，子どもが真似したいと思うものをじっくり観察することからはじまります。これは，赤ちゃんのときの共鳴する模倣も同じです。模倣が，子どもの学習を支えているという学者もいます。たしかに，真似っこをしたい対象を真剣に見つめる子どもを見ていると，そのまなざしに，ありとあらゆるものを吸収しようとするどん欲さを思わずにはいられません。この強いまなざしに支えられて，子どもは発達するのでしょうね。

エピソード42　お父さんになりたい

　ミチオくん（当時3歳）はお父さんが大好き。常にお父さんのまわりをうろちょろし，お父さんが出かけようとしていると，靴を靴箱から出したり，いつも着ていく上着を持ってきたりかいがいしく（?!）世話をします。他にも，お父さんのトランクスをはいてみたり，ストローをタバコに見立ててくわえてみたり，新聞を広げてみたり，気分はすっかりお父さんといった面持ちで，いつもとは違った自分を演出しているようです。お父さんが家にいないときは，自分がお父さんのつもりらしく，「お父さん」と呼ばないと返事もしません。彼は自分の頭のなかにあるお父さんのイメージを自分なりに再現し，すっかりお父さんになりきってしまっているのです。

　発達心理学では，他者と同じ動きをすることを「模倣」と呼び，特に時間や場所を変えて真似ることを「遅延模倣」と呼んでいます。ミチオくんに限らず，鏡台の前に座ってお母さんと同じように髪を梳かしてお化粧をしようとしたり，お手伝いをするお姉ちゃんの真似をして自分も食器を運ぼうとしたり，子どもが他の人と同じことをしたがるのはよく見られる光景です。他者の行動を真似ることは，子どもの発達のなかで重要な役割を果たしています。

　ミチオくんはお父さんだけではなく，保育園の上のクラスのお兄ちゃんたちのことも大好きでした。お兄ちゃんの真似をして急に自分のことを「オレ」と言ってみたり，今まで絶対に興味を示さなかった遊びに興味を示すようになったりしていました。ただずーっとお兄ちゃんの真似をしているわけではなく，ときにはいつものミチオくんに戻ってしまうこともあります。つい甘えたくなってお母さんのおっぱいを触ろうとしているところに，「あれ，お父さんじゃなかったんだっけ？」と言うと，いそいで手を引っ込めます。また嫌いで食べなかったものでも，お兄ちゃんがおいしそうに食べているのを見たり聞いたりすると，食べるようになったりします。単に真似をすることがすぐに発達につながるというよりも，そのような行動に意味づけをする大人の存在が大きく，他の人とのあいだで何らかの意味をもってはじめて，子どものものになるようです。

　ただ，子どもが真似をするのっていいことばっかりではないですよね。リョウヘイくんはあるときから足でドアを閉めるようになってしまいました。それは，リョウヘイくんのお父さんがそうしているからなのです。でも真似をしたことすべてがその人のものになるわけではありません。他の人との関係によって抑制されたり促進されたりして，自分の行動としてあらわれてくるのです。

解説

(1) 模倣の発達

　模倣とは，相手の動作や表情を自分の動作や表情で同じように反復する行動をいう[39]。

　新生児が機嫌よく目が覚めている状態で，顔を子どもの顔の前に近づけ，ゆっくり口を大きく開けて閉める動作をしたり，舌の出し入れをしていると，やがて子どもも大人と同じような動きをする。このような，他者の動きと同じ動きをすることを**共鳴動作**とか，**原始模倣**と呼ぶ。新生児は意図的に同じ動作を行なっているのではないが，双方の気持ちが溶け合って生み出される[40]。

　原始模倣は生後5ヵ月あたりから見られなくなり，8ヵ月くらいから意図的に他者（モデル）の行動を真似るようになる。1歳すぎまでの模倣は，模倣すべきモデルが目の前にいるときにその場で模倣する

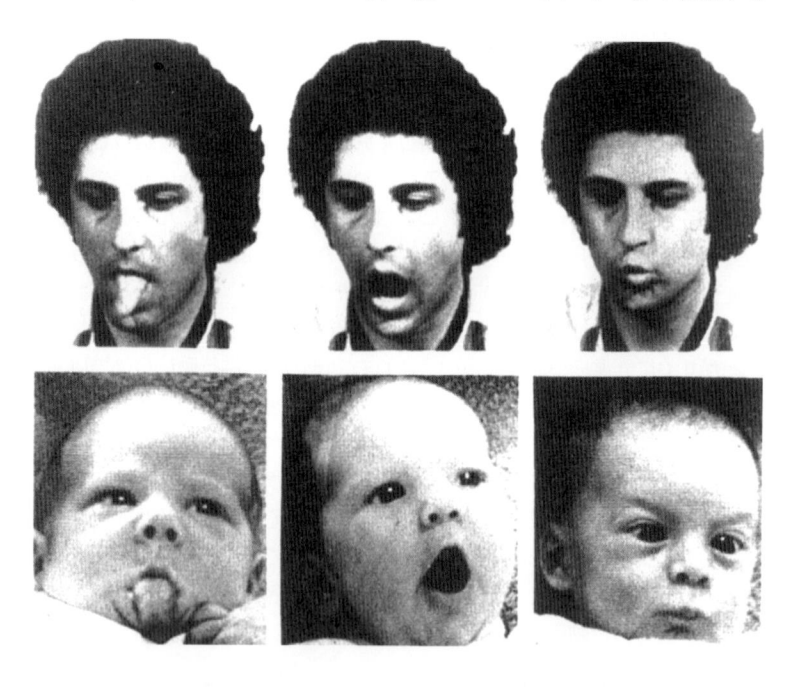

図5-11　新生児の共鳴動作
(Moore, M. K. & Meltzoff, A. N. (1977) Imitation of facial and manual gesture by human neonates. *Science*, 198, 75-78.)

ので、**即時模倣**と呼ばれる。

　子どもの内面に他者のイメージができてくる1歳半すぎになると、目の前にモデルがいなくても、そのイメージから他者を真似ることができるようになる。これを**遅延模倣**と呼ぶ。ごっこ遊びのなかで、母親そっくりの口真似をしていたり、父親の動作を真似したりするのが、遅延模倣である。

(2) 模倣の役割

　他者の行動を真似ることは、子どもの発達においてどのような役割をもっているのだろうか。

① 性役割を獲得する――大人の動きを真似る
　3、4歳になると男児は父親と同じ行動をしたがったり、女児は母親と同じような格好をしたがったりする。子どもが同性の親の行動を真似ることは、性役割の獲得と関連すると考えられている。

② 仲間であることを表明する――仲間の動きを真似る
　模倣は、仲間関係においても重要な役割を果たしている。
　子どもにとって「真似る」ことは、人との関係性を広げ、自分の可能性をひらいていくことである[41]。たとえば**遊びの伝染**［☞遊びの発達］と呼ばれる現象は、遊びの開始に模倣が大きな役割を果たしていることを示している。子どもたちのあいだには、「仲間として一緒に遊んでいるということは、同じ動きをすることである」というような暗黙のきまりごとがはたらいていて、仲間であることと同じ動きをすることが一体となっており、それは仲間関係を内外に示すことにもなっている[42]。4、5歳になると、仲間とのかかわりはことばによるものが多くなるが、どの年齢であっても、他者と同じ動きをすることは、子ども同士の関係をつなぐ重要な機能を果たしている。

p.52

③ 生活習慣を身につける――集団生活のなかで真似る
　保育所や幼稚園のように子どもが集団生活を送っているところでは、

他者の行動を真似ることが，生活習慣を身につけるのに重要な役割を果たしている。家庭ではなかなか身につかない生活習慣が，保育所や幼稚園では簡単に身につく。生活習慣をスムーズに獲得することができるのは，子どもが自分を「大人たちの世界」ではなく「子どもたちの世界」に位置づけていることからである[43]。目の前にいる他児が自分が獲得すべき生活習慣行為を行なっているのを見て，自らのものにすることができるのである。

もう少し深く学びたい人のために——メディアと子ども

　子どもが日常的に触れる機会の多いメディアといえば，テレビやビデオだろう。生まれたときから家にはテレビがあり，子ども自身が自発的に見たいと思う以前から，テレビを見て育つというのが，今の子どもたちである。図5-12に示すように，はじめは，画面そのもの（ちらつきなども含むだろう）や音にだけ関心を示す。1，2歳で内容を理解しはじめ，3歳ごろには，見たい番組が決まり，テレビを生活のなかに定着させる[44]。

　一方で，親たちの多くは，テレビが必ずしも子どもによい影響を与えないと考えているようである。特に，テレビに登場する人物が，親からみて望ましいと思えない行動をするとき，親たちは子どもが真似することを心配している。このような真似，つまり，モデルとなる他者の行動を観察してその行動を自発的に模倣し，新しい反応の型として獲得することを，**モデリング**という。

　子どもたちの攻撃行動のモデリングについての実験を紹介しよう[45]。3～5歳の幼児を2つのグループに分けて，一方のグループには，大人がビニール製の大きな人形を殴ったり蹴ったりする場面を見せ，他方のグループには攻撃的でなく遊んでいる場面を見せた。その後で，ビニール人形と一緒のときの幼児の行動を観察したところ，攻撃行動を観察した子どもたちは，攻撃行動を観察しなかった子どもたちに比べて，攻撃行動の模倣が多く観察された。また，条件を変えた実験で，子どもたちが攻撃行動の後仕返しをされる場面を観察すると，その後の子どもたちの攻撃行動がやや減少することも示された。こういう研究結果から考えると，テレビ番組の内容はかなり子どもに影響を与えていそうである。

　子ども向けの質の高い（教育的な）テレビ番組も多く見られるようになった。しかし，質の高い番組を選んだとしても，子どもが大人の期待する

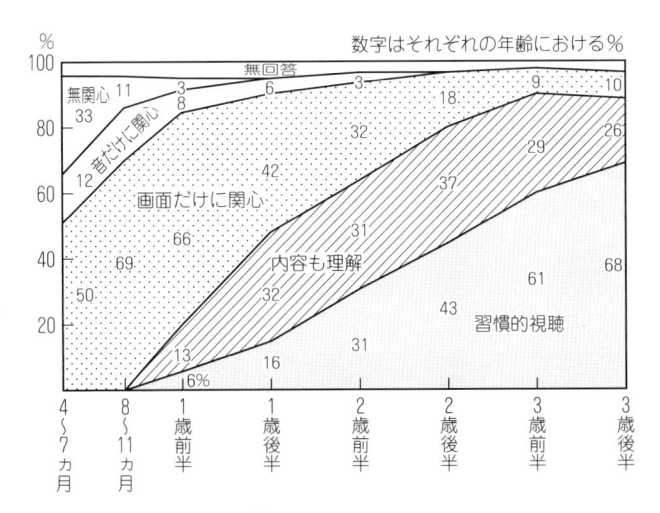

図5-12 テレビの見方の発達
（NHK放送世論調査所（編）(1981)『幼児の生活とテレビ——0歳から6歳まで』日本放送出版協会）

ような影響を受けるとは限らない。こんな話がある[44]。映画を見たことのなかったある5歳の子どもが，はじめて映画を見た。女性が歌っているシーンで，女性のクローズ・アップの画面が急に犬のクローズ・アップの画面にスイッチした瞬間，その子どもは「あ，女の人がイヌになっちゃった」とたいへん驚いた。単純な映像技法でも，子どもは大人とは違った理解をしているかもしれないのである。

　また，テレビは，どんなによい番組であっても，一方的に子どもに話しかけるだけで，子どもからはたらきかけても決して応答しない。子どもひとりでの長時間視聴は，子どもが人とやりとりする機会を奪うことにもなりかねない。子どもがテレビを見るときに，親が一緒にそれを見て，テレビ内容について会話をするという**随伴視聴**が望まれている。つまり，テレビも親子のやりとりの道具のひとつ——まさに，メディア（媒体）——として位置づけ直すことが，適切なテレビ視聴の鍵となるだろう。

【参考書】

無藤隆・村田光二・浜野保樹（1987）『テレビと子どもの発達』東大出版会

8・想像力の発達

エピソード 43　森の奥の赤いお家

　2歳の終わりごろだったでしょうか。娘のハルナは，大好きな絵本に出てくる「青いおうち」に行きたいと言い出したのです。親としても，ついついそれに合わせて，「そうね，青いおうち，行きたいね」と答えていました。そして何ヵ月かたったころ，娘は，「ハルナ，青いおうち，行ったことあるよ。おかあさんも行きたいでしょ。こんど，いっしょに行こうね」と言い出したのです。

　え？　ハルナ，青いおうち，行ったことあるの?!「うん，行ったよ。」誰と行ったの？「ひとりで行ったの。ひとりだったけど，こわくなかったよ。」青いおうちはどこにあるの？「森のおく。」ふーん……。

　もちろん，これは娘の想像です。でも，こんなやりとりが1年以上も続いたのです。娘の想像はどんどん広がり，青いおうちは，いつの間にか「赤いおうち」に変わりました。また，「森のおくの赤いおうち」にいろんなお友だちが住んでいました。やさしくて怒らない「おかあさん」もいるらしく，「森のおくの赤いおうちのおかあさんは，アイスクリーム，毎日食べてもいいって」と，私に口答えすることもありました。

　想像とは，現実世界（「いま」「ここ」の世界）を越え，新たなイメージや考えを創り出す過程のことです。人が未来に踏み出そうとするとき，経験したことのない未来を思い描くのに，想像の力がとても重要なはたらきをします。そして，幼児期は，想像力が飛躍的に発達する時期なのです。想像力は，生後1年ごろからはたらきはじめるといわれています。たとえば，1歳半くらいの子どもが「ブーブー」と言いながら積み木を動かして遊ぶことがあります。積み木を自動車に見立てているのです。つまり，積み木は自動車そのものではないけれど，頭に思い描く自動車と重ね合わせているのです。ある事物（自動車）を他の事物（積み木）に置き換えることを象徴といい，想像の基礎をなすものと考えられています。そして，成長に伴って，この想像を他者と共有することを楽しむようにもなります。

　ある日の帰り道，お友だちやお母さん方と一緒に歩いていました。突然，お友だちが空を指さし，「あっ！　コンちゃんが飛んでる！」と叫んだのです。娘はすかさず，「ほんとだ。コンちゃん，飛んでる。あー行っちゃうよ」なんて言うのです。その子のお母さんも私も，空を眺め，キョロキョロするばかりです。私は，コンちゃんにも会ってみたいし，森のおくの赤いおうちにも行ってみたいと，本当に（！）思うのですが，……無理でしょうか。

解説

　想像とは,「今」「ここ」に制約された現前事象を離れて,内的なイメージをもつことである。想像力は,1歳ごろからはたらきはじめると言われている。ここでは,特に,遊びやことばとの関係で,想像力について述べる。

(1) 遊びと想像力

　想像力は,遊びを通して飛躍的に発達する。子どもは,1歳をすぎるころから見立て遊びをはじめる。見立て遊びとは,目の前にある何か適当な対象物を,目の前にない別のものに見立てる遊びである。たとえば,バナナを電話に見立てて,耳に当て「もしもーし」と言って遊んだり,積み木を床にすべらせ,「ブーブー」と車に見立てて遊んだりする。このとき,バナナや積み木は,「今」「ここ」にない電話や車の代わりをしている。どうして代わりができるのだろうか。それは,実際の(過去の経験としての)電話や車が,子どもにイメージとして取り込まれ,そのイメージを,今目の前にあるバナナや積み木を使って喚起しているのである(図5-13)[46]。ここには「実際の車 - イメージの車 - ブロック」の三項関係が成立している。このとき,ブロックは車のイメージに置き換えられている。このはたらきを**象徴**といい,想像の基礎をなすと同時に,ことばの発達の基礎ともなっている。

　見立てる対象物として,自身の身体を利用するのが**ふり**遊びである。お母さんのふり,猫のふり,ご飯を食べているふりをして遊ぶ。さらに,3歳ごろになると,このふりを他児と共有して,ふりをする役割(お母さん役,海賊役など)を分担し,ストーリー展開のある遊びに熱中しはじめる。**ごっこ遊び**である。ごっこ遊びでは,子どもの想像力がフル活動する。自分の役割をそれらしく演じるための想像力,友

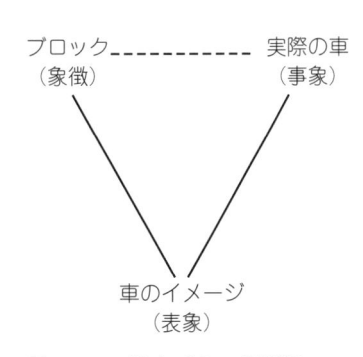

図5-13　見立ての三項関係
(岡本夏木 (1982)『子どもとことば』岩波書店, p.93を改変)

ブロック----------実際の車
(象徴)　　　　　　(事象)

車のイメージ
(表象)

第5章　世界を知る——認知　　167

だちのふりから役割を推測するための想像力，そして，遊びのストーリー（お父さんとお母さんはどんな会話をするのか，海賊は宝物をどうやって発見するか）を展開するための想像力，さらに，友だちが想像するストーリーを推測する想像力も必要である。想像力なしに遊びは成立しないし，また，遊びによって想像力が鍛えられるのである。

(2) ことばと想像力

　　ことばの獲得も，見立ての三項関係を起源としている。電話や車の代わりとして見立てられたバナナや積み木が，**ことばに置き換わると考えるとよいだろう**［☞言語発達］。

　　ことばは，想像の道具としてはたらく。つまり，想像を展開・維持するために，ことばが用いられる。「私に羽があったら」と考えてみることができるのも，ことばがあればこそである。また，ことばは，想像したことを他者と共有する道具でもある。ごっこ遊びのストーリーは，友だちとずれることもあるが，ことばで互いのストーリーを伝えあい，ことばを経由して，友だちの描いたストーリーを共有できる。また，想像を他者と共有することそのものが，新たな想像の展開を生むこともある。図5-14の例では，ことばを用いて，次から次へと想像が展開する様子がみえる[47]。

(3) 想像の力

　　モンゴメリの小説『赤毛のアン』の主人公アンは，想像の達人だった。幼いころに両親を亡くし，不幸な幼少期を過ごしたアンだが，彼女は，いつも想像の力でいろいろな困難をのりこえてきた。孤児院で，となりの女の子を伯爵令嬢だと想像したり，自分の名前が気に入らないからコーデリアという優美な名前だと想像することで，過酷な人生に別の意味を見いだそうとした[48]。もちろん，これは小説の話である（それこそ想像の話である）。しかし，現実の子どもも，困難に出会ったとき，いったん「今」「ここ」の世界を離れ，想像の世界で自分を休めたり，あるいは，困難をのりこえる可能性を模索したりする。と

タイヤの埋め込み作業から始まったごっこ遊び

　保育者（T）がツリー用の木を掘り出す作業をしているのを見て、年長組しんご（S）・りんたろう（R）・さとし（F）〔ともに6歳〕・そう（O）〔5歳〕の4人がやりたがったので「じゃあ、ぶらんこのさくのタイヤを埋めてきてよ」と話すと「ようし、やるぞー」と走って行った。
　タイヤを埋め込む位置に線を引き、そこを掘るよううながすと、1人ずつスコップを持って穴を掘り始めた。そしてタイヤを3つ埋め込んだところで、Sはブランコとその柵のタイヤ（右図）を大男の口に見立てて、次のせりふを言ったことから、ごっこ遊びが展開した。

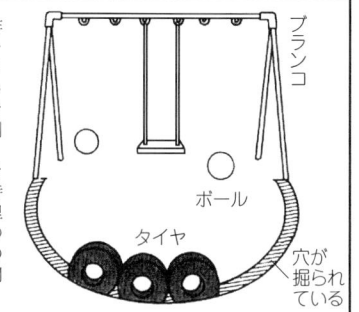

（図中ラベル：ブランコ／ボール／タイヤ／穴が掘られている）

S：「これは大男の口だぞ、黒いから。ぼくたちは、いま、虫歯のこびとで、歯を虫歯にしてるんだぞ」
R：「そうだ、虫歯に黒いペンキをぬってやれ！」（とタイヤに土をかける）
O：「大男が寝ているあいだに、みんな虫歯にしちゃうのね」
T：「それじゃあ、わたしは虫歯のミュータンスってわけ？」（子どもたちが日ごろ大好きな絵本と関係づける）
R：「ぼくは、虫歯のミュータンスの子ども」
F：「ぼく　ミュータンスのはかせ」（手は埋め込み作業を続けながら）
　　　　　　　　：
F：「あっ、歯ブラシがきた！」
S：「みんな、うがいで流されるぞ、みんな逃げろ！」（4人あわてて滑り台に登っていく）
◆滑り台の上で、口々に「だいじょうぶか」「おお」「あぶなかったな」というやり取りが続く。

図5-14　想像の共有
（内田伸子（1989）『幼児心理学への招待——子どもの世界作り』サイエンス社, p.63より。）

きに、想像と現実の区別がつかなくなることもあるが、現実での体験が増すにつれ、これらを混同することがなくなってくる。

第5章　世界を知る——認知

9 ● 子どもの描画

エピソード 44　えっ?!　ワニが出る！

　幼稚園の年長さんになったハナちゃん（4歳）のお宅にうかがったときのことです。私が部屋を横切るように歩くと，突然ハナちゃんが真顔で，「そこはこわいワニさんがいるとこだよ」と言って部屋の隅を指さしました。「えっ？　ワニさん??」どうやら部屋全体をジャングルに見立てて空想を楽しんでいるようなのです。そして，その日お母さんは「最近ハナちゃんが何を考えているのかよくわからなくて……」と心配そうに話してくれました。理由もわからず，急に幼稚園に行きたくないなどと言い出すようになったそうです。

　子どもが現実世界を離れて空想世界を創り出すのは1歳代で，その力が飛躍的に発達するのは4，5歳です。この時期の特徴は，自分が体験した本当の出来事をもとに，どんどん空想を広げていくことです。したがって，子どもの心には本当に体験した「現実世界」と，それをもとにした「空想世界」との両方が混在しています。そしてこの空想世界は，ただ想像して楽しむためだけのものではありません。現実世界で満たされなかった思いや願望を満足させて，必要以上に傷ついてしまうことから自分を守るための大事な世界なのです。

　ただし，まだ4，5歳の子どもは，空想の内容をことばで誰かに伝えることが上手にはできません。では，どのようにしたら心の世界を垣間見ることができるでしょうか。その手段のひとつが，子どもの描く「絵」です。1歳すぎころからなぐり描きをはじめて，4歳までには自分が描いたものを「絵」として扱うようになります。大きな丸の中に小さな丸を2つ描けば，それは3つの丸ではなく人の顔になります。でも，この時期の子どもの描く絵は，人の頭がとてつもなく大きかったり，目や手足や指の数がとても多かったりして，一見奇妙な印象を受けることがあります。それは，子どもが実際に見えているものを描いているのではなく，感じたままに表現しているからです。好奇心旺盛な子どもは，目を2つ以上描いたりします。だからこそ大人から見れば奇妙で間違っているように感じられても，それは子どもの心の世界そのものなのです。

　冒頭のハナちゃんもコバルトブルーのクレヨンで，線やら丸やらを画用紙いっぱいに描いてくれました。「これなあに？」と聞く私に満足げに「うみ」「えっ，うみ????ふうん，うみかぁ。」どこまでも広く深い海のように，ハナちゃんの心の奥深さを見たような気がしました。

解 説

（2歳3ヵ月，女児）　筆者とお絵描き。真剣そのもの！

できた！　見てみて！

　お絵描きは，相手を必要としない静かな作業だが，子どもにとって戸外での遊びと同様に，心地よい遊びである。
　絵を描くとき，子どもは熱中している。遊びでありながら真剣さを伴うところに，絵を描くことの特徴がある。絵には，そのときの子どもの気持ちが表現されていることが多い。また，特定の人にあげるために絵を描くこともある[49]。
　子どもの年齢とともに，描く絵が異なっていく。初期のころはでたらめに手を動かしているように見える**なぐり描き**だが，やがて，対象を表現する描画へと移っていく。

（1）運動性の描画（なぐり描き）（18～30ヵ月）

① 1～2歳
　クレヨンを握ってジグザグを描く。徐々にいろいろな形も描かれるようになる。描かれる形は，丸や線や十字などである。この時期は，子どもが何かを意図的に描くというより，紙の上に軌跡をつける動き

を楽しんでいる[49]（図5-15）。

② 3〜4歳

3歳ごろになると，表現しようという意図をもって描き，描いたものを絵として見るようになる。人の描画は，頭部は円で構成され，いくつかの点が顔の特徴をあらわす。2本の垂直線が頭部の円から出て足となり，腕が頭部から水平に伸びている。これを**頭足人画**という（図5-16）。おたまじゃくしとも呼ばれる。

子どもにとって丸や線は，ただの丸や線ではない。好きな人（家族や友だち）や好きなキャラクターをあらわしている（図5-17）。子どもが心の中に描きたいものをイメージし，それを丸や線で表現したのである。心のなかにあるイメージを目の前の対象に置き換えることを象徴という [☞想像力の発達]。子どもの描く丸や線は，イメージが置き換えられたものであり，原初的ではあるが**象徴機能**がはたらいているのである[50]。

p.16

(2) 表象的な描画

① 4〜7歳

この時期は**知的写実性**の時期である。知的写実性とは，子どもが実際に見えているものを描くのではなく，知っているものを描くことをいう。たとえば，家の中の人物を壁を通して描いたりする。これを透視画という。子どもは家の中に人がいることを知っているから透視画を描くのである。家という建物が重要なのではなく，家の中には人がいることを重要だと感じている子どもの心のあらわれかもしれない。特に人物画には，知的写実性が顕著にあらわれる。たとえば，モデルが横を向いていても，子どもは正面の立ち姿を描くことがほとんどである[51]。

人物画とは対照的に，物を描くときには，実際に見えたように描くことができる。たとえば，積み木が積み重なっている様子や，1つの積み木が別の積み木の後ろにある奥行きも表現しようと試みる。年少の子どもでさえも，人物画には見られないような写実的な奥行き表現

図 5 -15　ジグザグ絵　（2 歳，女児）

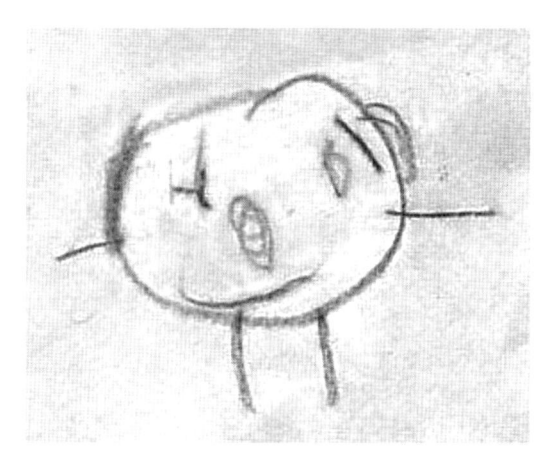

図 5 -16　頭足人画　（3 歳 5 ヵ月，女児）運動会を描いた絵の一部分。

第 5 章　世界を知る——認知　　173

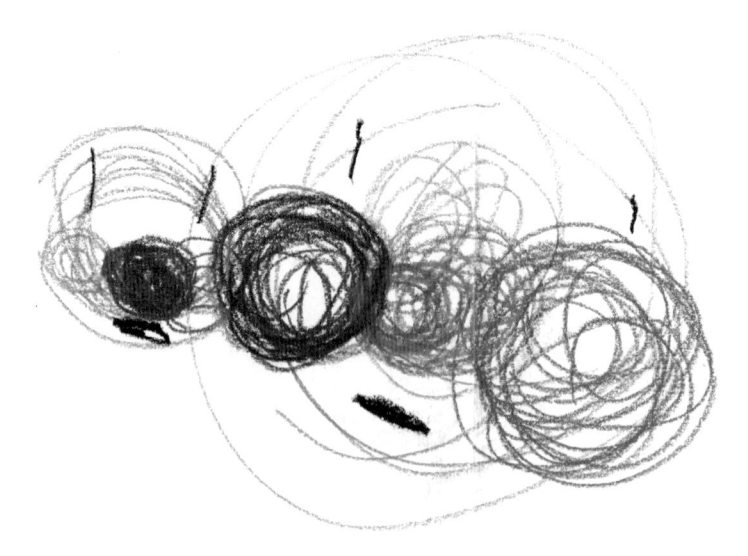

図5-17 子どもの絵 （2歳10ヵ月，女児）アンパンマーン！ 目と口を黒で描いた。

ができる[52]。

② 7〜12歳

この時期は**視覚的写実性**の時期である。視覚的写実性とは，観察にもとづいて現実の対象を描くことである。身体は釣り合いがとれるように描かれる。人物は重要だから大きく描くのではなく，実際に大きければ大きく描かれる。9歳ごろになると，横顔が描けるようになる。また，学校で客観的に対象を描くための技法である視覚的遠近法を教わると，それを使えるようになり，紙の上という2次元的な制約のなかで，写実的な複雑な3次元的な表現も可能になる。子どもが遠近法などの技法を学習するにつれて，感じたままの表現が徐々に失われていく可能性もある[51]。

【参考書】
トーマス, G. V., ・シルク, A. M. J. ／中川作一（監訳）(1996)『子どもの描画心理学』法政大学出版局

フィリップ・ワロン／加藤義信・井川真由美（訳）（2002）『子どもの絵の心理学入門』
　白水社
モーリン・コックス／子安増生（訳）（1999）『子どもの絵と心の発達』有斐閣

> ☕ **こぼれ話**
>
> **父親**
>
> 　ベテラン保育士から，こんな話をよく聞きます。「以前に比べて，お父さんが子どものお迎えに来ることがめずらしくなくなった」というのです。確かに，育児は母親だけが担うものという固定観念が薄れ，最近では，父親の育児参加が進んできたように感じます。自治体などで開催される親向けの講習会（母親学級や両親学級など）にも，父親が参加することが多くなり，主催者側でもそれを意識して，父親向けの内容を盛り込むようになってきました。デパートや空港のトイレも，数年前まで，女性用トイレにしかおむつ交換台が設置されていませんでしたが，最近は男性用トイレにもおむつ交換台が増えてきたそうです。
>
> 　手前みそですが，私の夫も，積極的に育児参加をしている方です。その夫の小さな不満は，こんなに育児に参加しているのに，父親はいつも二番手にされるということです。たとえば，しばしば保育園の送り迎えをして，担任の先生とも顔見知りになっているのに，子どもの持ち物で忘れ物があるときなど，母親の私は，直接口頭で「○○，持ってきてくださいね」と言われるのに，父親である夫は何も言われず，お便り帳などに「○○を持って来てください」と書かれているというのです。「俺にも言ってくれればいいのに……」とぼやく夫ですが，保育士さんは女性が多いので，異性には言いにくいのかもしれません。とはいえ，ひとりでも多くの人が，父親のことを「りっぱな親」として扱うならば，父親の意識を変えていくことにつながるかもしれないと思うのでした。
>
> 〔岡本依子〕

第6章
話して伝える

みちる
みえの
いり
のよ

◆◆◆◆ことば

（7歳，女児）筆者の似顔絵を描いた後，「これあげる」と言ってメッセージを書いてくれた。筆者にくれた手紙である。

1・言語発達

エピソード 45　アンパンマンのひみつ

　おしゃべりをはじめたばかりの子どもに人気のキャラクターといえば，アンパンマンでしょうか。ここでは，「アンパンマン」の知られざる魅力（?!）に少し違った角度——ことばの発達という視点——から，迫ろうと思います。

　娘も3歳ごろまでアンパンマンが大好きでした。1歳半ごろ，私が幼児用雑誌の絵を指さしして「アンパンマン」と言うと，娘は真似をして「あんまんまん」と言ったのです。そのころ，娘は，ことばらしいことばは「まんま」など4〜5つ言えるだけでしたから，娘がアンパンマンをよほど気に入ったのだろうと思いました。不思議だったのは，テレビでアンパンマンを一度も見たことがなかったのに，「あんまんまん」と言い始めたことでした。あの丸くて親しみやすい顔が魅力なのでしょうか。実は，それだけではなく，「アンパンマン」という音の響きにも秘密があったのです。

　赤ちゃんは，生まれたときからどんな音でも発音できるわけではありません。発音できるようになる音には，おおまかな順序があります。まずは，「アイウエオ」の母音です。そして生後半年ごろから，子音混じりの音（カ行，サ行など）も増えてきます。この子音混じりの音にも，発音しやすい音とそうでない音があるのです。

　試しに，口を大きく開けて「アー」と言ってみてください。そして，声を出したまま，口をパクパク開閉させてみてください。「アー……ンマンマンマー」，あるいは「ンバンバ」，「ンパンパ」となったでしょう？　これが，赤ちゃんが最初に子音混じりの音を発音できるようになるしくみです。子どもは，母音の次に，子音のmやp,bで作られる「マ」，「パ」，「バ」のように，上下のくちびるを閉じて発音する音を言えるようになるのです。つまり，「アンパンマン」は，子どもにとって発音しやすい音だけでできたことばだったのです。娘はアンパンマンが好きで「あんまんまん」と言い始めたというより，「あんまんまん」なら発音できたということだったのです。私はそうとは思わず，娘が「あんまんまん」と言うのがうれしくて（何しろ，まだあまり話さない時期でしたから），娘と一緒にテレビや絵本でアンパンマンを見るようになりました。

　ちなみに，赤ちゃんが音らしい音としてはじめて言えるようになる「ンマンマ」ですが，赤ちゃんにとって一番大事なことばは，この「ンマンマ」からきているそうです。英語の，「ママ」ということばです。一方，日本語では「まんま（＝食物）」ができたようですが。

エピソード 46　赤いジュース

　娘のハルナ（2歳7ヵ月）はトマトが嫌いです。もしかしたらジュースなら飲めるかもしれないと思い，娘にトマトジュースをあげてみたことがあります。缶の柄でトマトと気づかれてはたいへんと，ジュースをコップに移し替え，「今日は赤いジュースよ，いいねぇ」とか言いながら娘の前に置きました。目新しいジュースに，とてもうれしそうなハルナです。ところが，一口飲んで，うぇっ!! とまずさに驚いた顔。私はすかさず，「ジュース，おいしい？」と聞いてみました。すると，あわてて笑顔を作り「ツメタイ」と答えるハルナ。ジュースを飲むとき「ジュース，ツメタイ」と言うのがハルナのお決まりのフレーズで，これは，おいしいという意味なのです。そして，ちびちびとジュースを飲み続けました。でも，ほとんど減りません。とうとう，ハルナはコップを両手で握りしめうつむいたまま，「カライ（＝まずい）」とつぶやきました。私は，わざととぼけて，「何がカライの？」と聞いてみました。うつむいたまま「アカ」と答えるハルナ。「何？　ジュース？」と聞き直すと，ハルナは，あわてて，「ジュース，ツメタイ」と言って，また無理して飲み始めました。

　子どもはことばを覚えるとき，物に名札を張り付けていくように，単純なしくみで覚えるのではありません。「物をあらわすことば」は，物を経験したときの出来事全体と結びつくのです。だから，「ジュース」ということばを言えるようになったとしても，それを「果物や野菜の飲み物」として辞書のように覚えているのではありません。ジュースを飲むとき自分が何をしていたか，どんなふうに感じたか，誰と一緒にいたか，そういった経験の全体を「ジュース」として覚えるのです。だから，娘が「カライ」といった後，「ジュース」と言わず「アカ」と言ったのには，少し驚きました。娘にとって，「ジュース」は「おいしく」「冷たい」もので，楽しい経験の全体をあらわすことばだったのだと感じたからです。そして，「まずい」経験には，「アカ」と名づけようとしたのです。なのに，私が「ジュース」と言い直してしまったので，娘はまた飲むしかなくなってしまったのです。「ジュース」なのだからおいしいはず，と信じて。

　ちなみに，ジュースがどうなったかというと，無理して飲んでいる姿があまりにかわいそうで（本当に辛そうだったのです），「ジュース，おいしい？　お母さんもほしいなぁ」と言って，残った分を私が一気に飲みほしました。ジュースは，だいぶぬるくなっていました。

第6章　話して伝える——ことば

解 説

　私たちは，ことばを使って，誰かに何かを伝えることができるし，ことばがあるから，少々複雑なことも頭で考えることができる。また，ことばで自分や相手の行動をコントロールすることもできる。ことばは私たち人間の重要な機能である。しかし生まれたばかりの赤ちゃんは，ことばを話すことも理解することもできない。ことばは，生まれてから，徐々に獲得されるものなのである。

(1) おしゃべりの準備

　言語発達の個人差は非常に大きいが，1歳前後で初語（はじめての意味のあることば）が出る。それ以前の赤ちゃんは，発声はするがおしゃべりはできない。初語以前の時期を**前言語期**というが，この時期にも赤ちゃんと他者とのコミュニケーションはすでにはじまっている。たとえば，生後間もない赤ちゃんでも，話しかけられると，発話の音節の変化に応じて身体を動かす**相互同期性**を示す。身体を動かすことで，赤ちゃんなりのやりとりを成立させているのである。

　赤ちゃんの発声は，生後すぐからの泣き声にはじまり，クーイング，喃語と，およそ7ヵ月ごろまでかけて発達する。クーイングとは，生後2ヵ月ころからの，「クー，クー」という柔らかな心地よい発声である。喃語とは，「あー・あー」や「ダダ，ダダ」のように，決まった音節を繰り返す発声である。この喃語は，/a/や/u/など母音からはじまり，しだいに/m/，/p/，/b/といった子音を伴う音（「マ」や「パ」など）になってゆく。

(2) 大人の話しかけ

　赤ちゃんは，ひとりきりで発声練習をしているわけではない。赤ちゃんがおしゃべりができるようになる前から，親や大人は，繰り返し話しかける。大人から子どもに話しかける発話を，**CDS**（child-directedspeech；子どもに向けられた発話），あるいは，**マザリーズ**という。

CDSは，大人同士のやりとりでの発話とは異なった特徴をもっている。たとえば，話すときの声のピッチが高い，抑揚が大きい，一つひとつの発話が短く，繰り返しが多い[1]。また，子どもの言語発達の程度によってCDSの特徴も変化するが，前言語期や話しはじめた時期では，親や大人が子どもの代弁をすることもある[2]。母親が「おなか，ちゅいたよぉ。おっぱい，ちょうだい」と言いながら授乳するというように，子どもの視点からの発話をするのである。大人は，代弁を交えることによって，赤ちゃんとの会話が成り立っているかのように話しかけができる。さらに，子どもが少しでも語彙を獲得し，話しはじめると，親や大人は子どもへの質問を多くするようになる。「どこに行ったんだっけ？」「誰と行ったんだっけ？」「何，持っていった？」「何に乗ったっけ？」と次々と質問を投げかけ，子どもが一言ずつ答えると，最後に「パパとママと一緒に，電車に乗って，お弁当持って，動物園に行ったんだよねぇ」とまとめる［☞話しことばの発達］。このように，大人は，子どもに対して特有のしかたで話しかけるが，この話しかけは，子どものことばの数や文法などの言語発達を支えるだけでなく，人とかかわることそのものへの興味や動機を育てることにもなる。

p.190

(3) 身振り

赤ちゃんは，意味があるとはっきりわかることばを話すようになる少し前から，**身振り**や**指さし**で他者とコミュニケーションをとる。たとえば，与えられた物が気に入らないときには，イヤイヤと首を振ったり，母親に抱かれているときに，目に映った木の葉っぱや散歩中の犬を指さして，母親と見る物を共有しようとする［☞二項関係から三項関係へ］。これらの身振りや指さしは，はじめのころは，赤ちゃんが何を伝えたいのかはっきりしないこともあるが，徐々に，何かを他者に伝えたいという意図が明確なものになってくる[3]。ときには，大人の注意を引くために，発声を伴わせるようにもなってくる。たとえば，「あー」と言いながら指さしをして，指さしの対象物を要求する。このように，指示対象がはっきりした意図的な身振りや指さしが出て

p.128

きてから，何かを伝えるためにことばを用いるようになっていく。

（4）語彙獲得の背景

（1歳0ヵ月，女児）1歳のお誕生日プレゼント。表情で威嚇して，誰にもあげたくない気持ちを精一杯伝えようとする。

ことばの発達はたいへん個人差が大きいが，平均としてみると，初語が出現するのははじめてのお誕生日を迎えるころである。その後しばらくは，ゆっくりと語彙を増やし，1歳半くらいまでに約50語のことばを獲得する。そして，50語くらいを超えると，急激に語彙が増加する（**語彙の爆発的増加期**という）。

この爆発的増加がおこる背景には，**象徴機能の発達がある**。**象徴**［☞想像力の発達］とは，積み木を車に見立てて遊ぶとき，「今」「ここ」の世界，つまり，目の前にある積み木を代用として，「今」「ここ」にない車をイメージすることである。このとき，積み木と車は，**意味するものと意味されるものの関係**にある（ここでは，積み木は車を意味するものであり，積み木によって車が意味されている）[4]。ことばもこれと似た関係があり，「ブーブー」という音の組み合わせ（意味するもの）が，実際の車（意味されるもの）の代用としてイメージできて，「ブーブー」がことばになるのである。

表6-1には，あるひとりの女の子の「ニャンニャン」という音声についての発達を示す[4]。はじめはことばとしての意味を持たない「ニャンニャン」や「ニャーン」という喃語としての発声から，指示対象が特定化し，象徴的な意味をもったことばへと発達する。この女の子は，「ニャンニャン」を，犬（桃太郎の絵本の白犬やスピッツ犬など）を示すことばとして用いはじめ，過剰般化［☞言い誤り］の時期を経て，「ワンワン」という社会的な慣習語への移行が観察された。

表6-1 「ニャンニャン」の記号化過程
(岡本夏木(1982)『子どもとことば』岩波書店)

段階	月齢	N児の〔発声〕と（対象または状況）
1	7カ月	〔ニャンニャン〕〔ニャーン〕（快適状態での喃語）
2	8カ月	〔ニャンニャン〕〔ナンナン〕（珍しいものやうれしいものを見つけてよろこんで）（種々の対象に対して）
3	9カ月	〔ニャンニャン〕（桃太郎絵本の白犬）←──（白毛の玩具のスピッツ） 　　　　　　　　　　　　　　　　　　　　　　　　　　　[確実に模倣]
4	10カ月	〔ニャンニャン〕（動物のスピッツ）（白毛のパフ）→（ひものふさ（黒））
	11カ月	（猫）←（犬一般）　　　　　　（白い毛糸・毛布）→（白い壁）
	12カ月	（虎）（ライオン）（白熊）（白毛のついた靴）
5	13カ月	〔ナーン〕（猫）〔ナンナン〕（犬） 〔モー〕（牛）
	14カ月	〔ドン〕（自宅の犬の名ロン）
	16カ月	〔ゾー〕（象）
	17カ月	〔バンビンチャン〕（バンビー） 〔ウンマ〕（馬）
	18カ月	〔クンチャン〕（熊）
6	19カ月	〔クロニャンニャン〕（黒白ブチの犬）〔ニャンニャンクック〕（白毛の靴） 〔ネコ〕（猫）〔ワンワン〕（犬） 〔オーキニャンニャン〕（大きい白犬） 　　　　　　　　　　〔ニャンニャンチョッキ〕 　　　　　　　　　　　　（白毛糸のチョッキ）
	20カ月	〔クマニャンニャン〕（ぬいぐるみの熊） 〔シュピッツ〕（実物のスピッツ） 〔プチ〕（近所のスピッツの名）
7	21カ月	〔プチノヤネプチニアゲルワ〕（プチのだからプチにやろう―白毛の靴を持って）
	22カ月	〔ワンワンデショウ〕（戸外の犬の鳴声を聞いて）
	23カ月	〔オーキイワンワンワンワンユワヘンワ〕（大きい犬が鳴かずに通るのを見て） （隣人よりケーキをもらって）　　　（絵本のろばをさして） N児〔ダレガクレタノ？〕　　　　　N児〔コレ　ナニウマ？〕 母〔しのはらさん〕　　　　　　　母〔ろばさん〕 N児〔ワンワンイルシノハラサン？〕　N児〔ロバウマ？〕

【参考書】

岡本夏木（1982）『子どもとことば』岩波書店

やまだようこ（1987）『ことばの前のことば』新曜社

2 • 言い誤り

エピソード47 「おさるさん　きのが　だいすき」……ん？

　ある日，3歳の娘のハルナが，「おさるさん　きの　が　だいすき」と言い出しました。「え，何？　おさるさん，何が好きなの？」と聞き返すと，ハルナは，「きの！」とはっきり言うのですが，私には何のことかわかりません。「きの，って何？」と何度か聞いて，ようやく「木」のことだとわかりました。ハルナは，「おサルさんは，木が大好き」と言いたかったようです（さらに言うと，「木に登るのが大好き」と）。さて，ハルナは「木」のことを，どこで「きの」と覚えたのでしょう。私も夫も，保育園の先生も，「木」のことを「きの」とは言いません。

　さて，子どもの言い間違いをたくさん集めて，ことばの発達の道すじを探ろうとする研究があります。そのような研究によると，子どもの言い間違いにはいくつかのパターンがあって，そのなかに過剰般化と呼ばれるものがあります。過剰般化とは過剰な一般化ということで，子どもが，覚えたばかりのことばのルールを間違って広くあてはめすぎてしまうことを言います。

　子どもは，大人が話すことばをそのまま覚えるわけではありません。オウムが真似をしておしゃべりするのとは，違うのです。子どもは，大人のことばから，ことばの「ルール」を探し出します。たとえば，「ハルナ」と「コップ」をつなげて言いたいときに，「ハルナの　コップ」というように，「の」でつなげるのだ！　というルールを覚えるわけです。すると，「大きい」と「バス」をつなげたいときも，「おおき　なばす」としなくてはならないのに，「おおきい　の　バス」と間違えてしまいます。「おさるさん　きの　が　だいすき」の「きの」の場合，大人が，子どもに対して1音のことばをあまり使わないことがかかわっているのでしょう。手は「おてて」，目は「おめめ」と，幼児語を使います。子どもは，1音の単語は不自然だというルールを学んでしまうのです。それで，「大きな栗の　きの　下でぇ～」と歌いながら，「きの」をひとつの単語と思ってしまったのでしょう。同じような理由から，「ちががでた（血が出た）」と言っていましたし，弟のシュントも2歳の終わりごろ，「かにに　さされた（蚊に刺された）」と言っていました。

　このように，子どもの言い間違いの背景には，子どもがことばのルールを学ぶときの試行錯誤がみえてきます。そして，子どもは，間違えながらも最終的には，ちゃんとことばを獲得していくわけですから，その秘められた能力にはただただ驚かされます。

エピソード 48　おしっこ？　おひっこし？

　ミドリちゃん（4歳）のお家にお邪魔したとき，おもしろい話を聞きました。お母さんがお友だちとお話しているときに，ミドリちゃんが突然「佐藤さん（仮名），おしっこしちゃったね」と言ったそうなのです。佐藤さんはミドリちゃんのご近所に最近までお住まいの方で，40代の素敵な女性です。ミドリちゃんが唐突に「佐藤さんがおしっこをした」というのでお母さんはびっくりしました。もちろんそんなはずはなくて，おかしいと思ってよくよく話を聞いてみると，彼女は「〈おしっこ〉した」のではなく，「〈お引越し〉した」と言いたかったようでした。佐藤さんはつい最近越され，ミドリちゃんはお母さんたちが「お引越し（オヒッコシ）」ということばを使うのを聞いて，自分も使おうと思ったのですが，「おしっこ（オシッコ）」になってしまったというわけです。

　子どもがことばを使うようになる過程では，このような言い誤りをたくさんします。「子ども」を「コモド」と言ったり，「ヘリコプター」が「ヘプリコプター」になってしまったりというような言い誤りもありますが，「カメラマン」を「ウルトラマン」の仲間だと勘違いしてしまうこともあります。

　ことばの発達のしくみについては，いろいろな考え方があります。そのうちのひとつの考え方として，子どもは大人のことばの真似をしながら覚えていくというものがあります。この立場では，大人のことばが「正しく」，子どもは大人のことばをモデルとして，真似をしながら「正しいことば」を覚えていくと考えます。そのような考えでは，ミドリちゃんの言い誤りは，モデルである大人のことば（正しいことば）とは違うもので誤ったことばであり，訂正されなければならないものと考えられます。

　しかし，ことばの発達の道すじが明らかになるにしたがい，子どもは白紙の状態から単に大人の真似をして，そのことばをコピーするのではなく，大人のことばを材料にして，独自のやり方でことばを作り上げていくと考えられるようになりました。子どもが新たな表現をしてみようとするとき，その時点までにその子どもが知っていることばに影響されます。ミドリちゃんの言い誤りの場合，「おひっこし」ということばが，すでに彼女が使っている「おしっこ」ということばと似ているので，間違ってしまったと考えられます。そのような意味で先の「カメラマン」の例も，「おひっこし」と似ていて，自分の知っているやり方で世界を理解しようとする子どもたちの姿勢の現れであるといえるでしょう。いずれにしてもこのような言い誤りは，子どものことばの発達を考えていくうえで重要なものと考えられています。だから，「誤り」なんていうと，ちょっとかわいそうかもしれないですね。

解説

(1) 言い誤りとは

　　子どものたどたどしい話し方は，微笑ましいものである。動くものすべてを指して「ブーブー」と言ったり，「アヤちゃんね，あしたどうぶつえんいったの」などと，言い誤りも多いが，それを聞いた大人は思わず笑ってしまう。
　　しかし，子どもの言い誤りはただ微笑ましいばかりでなく，そこからは言語発達の道すじが見えてくる[5]。言い誤りには，表6-2のようなタイプがある。

(2) なぜ言い誤りが重要なのか

　　長い間，子どもは，大人が話すことばを聞き，それを模倣して話すようになるとする，言語発達の**模倣説**が信じられていた。たしかに，大人を模倣することなしに言語発達は不可能だろう。しかし，模倣だけで言語が獲得されるわけではなさそうである。もし模倣だけによって言語を獲得するとしたら，子どもの言語発達は，オウムが聞いたことばをそのまま真似して口に出すのと大差なくなるだろう。聞いたことのないことばや文を，自分で作り出すことはできないはずである。
　　しかし子どもは，さまざまない言い間違いをする。そのなかには，単純な言い損じ（たとえば，表6-2の構造上の誤り）だけではなく，大人が決して口にしないような，つまり，子どもの耳に触れることのないような言い回しがいろいろと含まれている。子どもの言語発達には，大人の模倣にとどまらない，もっと積極的な学びとりと自らの再構成があるはずである。それが，言い誤りの研究からよく見えてくるのである。

(3) 過剰般化

　　言い誤りのなかでも，**過剰般化**は子どもの言語獲得の積極性がよく見える例である。大人は，子どもに対して，大人同士とは違った言い

表6-2 子どもの言い誤り
(伊藤克敏（1990）『こどものことば——習得と創造』勁草書房 を参考に作成)

構造上の誤り
発音の問題で，口や舌を動かして音を作ることが未成熟なため生じる
　　アリガトウ→アイガト（子音 r の省略）
　　キシャ→キチャ（シャからチャへの置き換え；置換）
　　ナッチャッタ→ナッタッタ（最後のタにつられてチャがタに；同化）
　　コドモ→コモド（ド・モの入れ替え；音位転換）
　　イラナイ→イランナイ（ンの付加）
　　　など

意味上の誤り
ことばの使い方の誤り；過剰般化（「ワンワン」という語を犬だけでなく，猫やアヒルにも使うなど，意味を過剰に拡張した誤り）
　　大きさ，長さ，量
　　　　「コンナ　オーキナ　チガ　デタンヨ」（オーキナを量の程度に過大適用）
　　対義語（アゲル‐モラウ，イク‐クルなど対義語の混同）
　　　　「オバアチャンニ　アゲタ（モラッタ）」
　　生物‐無生物
　　　　「アカチャン　モッテキテ」
　　　　「ジドウシャ　ガ　ケガ　シチャッタ」
　　日・時の表現
　　　　「アシタ（キノウ）　ハコネニ　イキマシタ」
　　料理
　　　　「ドウシテ　オミズ　ヤイテルノ（ワカシテルノ）」
　　着脱の表現
　　　　「メガネ　ヌイダ」
　　否定・肯定の副詞
　　　　「アンマリ　チョウダイ」
　　　　「モウ（マダ）　ワカラナイ」
　　　など

形態上の誤り
語形の誤り
　　オオキクナイ→オオキイナイ
　　ウタワナイ→ウタウナイ
　　オイシソウジャナイ→オイシソウクナイ
　　コナイ（来ない）→キナイ
　　アカイ　ハナ→アカイノ　ハナ
　　　など

統語上の誤り
文構造をつくるときの誤り
　　「オトウサンガ　アソンデ　クレタイ」（あそんでほしい）
　　「コレ　ドク（どけて）」
　　「クック　ヌイデ（ぬがせて）」
　　「オトウサンニ　ヨモウト（よんでもらおうと）　オッタンダモン」
　　「オリサセテ（おろして）」
　　　など

方はしても，文法的に誤った言い方はしないものである。しかし子どもは，大人が話さないような，文法的に誤ったことばを独自に作り出すことがある。エピソード47の「おさるさん　きのが　だいすき」も，その例である。英語圏でも，過剰般化による言い誤りはいろいろある。たとえば，英語では過去のことを話す際，動詞を過去形に変換するが，規則変化する動詞と不規則変化する動詞がある。pass の過去形はpassed であるが，go の過去形は went となる。ところが子どもは，ことばを獲得する途上で，I goed to the zoo.というような言い間違いをする。大人が go の過去形を間違うことはないので，子どもは，大人の模倣をしたはずはない。過去形の多くは-edをつけるので，go の過去形も goed になるだろうと推測して，ことばを作り出したのである[5]。これは，-edをつけるという文法ルールがあてはまらない部分にまであてはめた間違いである。

エピソード再考——ことばを獲得する積極性

エピソード47「おさるさん　きのが　だいすき」のハルナが，当時（3歳ころ）「雨ふりくまの子」という歌の2番を歌っているとき，「魚が　いるかと　見てました」という部分を，「おさかな　イルカと　似てました」と歌っていて，笑いが止まらなかったことがある。最近になって，弟のシュント（3歳3ヵ月）も，アンパンマンの主題歌で，「アンパンマンは　君さー」というところを，「アンパンマンは　キリンさーん」と自信満々に歌っていて，やはり大笑いした。

もちろん，ハルナもシュントも，誰かを笑わそうと思って，わざと替え歌を歌っているわけではない。本人たちは，歌を何度も耳で聞いて，それが正しい歌詞だと思いこんで歌っているのである。

上で述べたように，子どもは，模倣だけでことばを獲得するのではない。辞書のようにことばを覚えようとするのではなく，知っている単

語，理解している知識を総動員して，ことばを使おうとする。ことばをいったん覚えはじめると，はじめて耳にすることばやフレーズも，白紙の状態で吸収するのではなく，自分がすでに知っていることばに引きつけて解釈して使おうとする。

　だから，大人が，「魚がいるかと　み・て・ま・し・た，だよ」とか，「アンパンマンは，き・み・さー，だよ」と正しい歌詞を教えようとしても，子どもたちはきょとんとするばかり。当時のハルナは，小川といえば魚がいるかなとのぞき込みたくなるものだという社会的なイメージをまだ持っていなかったし，シュントは，相手のことを「君」と呼んだことも呼ばれたこともなかったのだろう。それで子どもたちは，自分で理解できる歌に仕上げてしまったのだ。少ない語彙や少ない知識を駆使して，意味をわかろうとしているのである。子どもは，ことばを覚えてから使うのではない。使いながら覚える。自分で使うためのことば，自分で歌うための歌を獲得していくのである。

3・話しことばの発達

エピソード 49　物語のはじまりはじまり

　4歳になるヒロくんのお母さんが保育園にお迎えに行ったときのことです。帰り道，ヒロくんが，「お友だちがね，ヒロくんが話しかけてもみんなどっかに行っちゃうの」，と言いました。お母さんは仲間外れ？！と思って，びっくりしましたが，ヒロくんは意外にけろっとしていて，べつに気にしている様子もありません。お母さんは，保育園の先生に聞いたほうがいいのかどうか，ちょっと迷っています。

　子どもは，1歳をすぎたころからことばを獲得します。最初は少しずつ，そして時には一気にことばを覚えていきます。そして，3，4歳になると，そのことばを使って自分の体験を語りはじめます。大人の生活を考えてみると「語り」がいかに大切なことかは想像できます。なぜ自分はあの時あんなことをしたのかしら，どうしてあの人はあんなふうに言ったんだろう，ということを親しい人に語ることによって，体験を思い起こし，自分や他人の気持ちを推理したり，意味づけたりして納得するのです。「語り」の作業は，体験を確実に自分のものとする確認の作業ともいえます。子どもも，体験を自分に引きつけるため，語りの世界に入っていきます。とはいえ，まだまだ自分の体験を整理して語ることはできません。まずは，自分の体験に近いことばを探して表現してみる，いわばことばで表現することを味わうというようなことからはじまります。

　語りの世界に入れるようになった背景には，ことばの発達とともに，人間の活動を，心理的な説明という観点で見られるようになるということもかかわっています。もちろん，まだことばを持たないうちから，赤ちゃんはまわりの人の感情や意図を感じとっています。でも，感じとっていることをことばで表現するのは，3，4歳になってはじめてできることです。さらに，他者が示した目に見える行動の背景にある心について，子どもが理解したり推理したりして（これを「心の理論」といいます）語れるようになるのは，4歳ころが出発点になると考えられています。

　とすると，冒頭で，お友だちが遊んでくれないというヒロくんのことばは，自分の体験をことばで表現することを味わう作業だったのかもしれません。体験したときの自分の気持ちや，まわりの人がどうしてそうしたのかという気持ちまでを推理してことばにするには，もう少し時間がかかるかもしれません。ちなみに，後日談ですが，ヒロくんはぜんぜん仲間外れなどではなく，たまたま声をかけたお友だちが外遊びに出てしまっただけだったそうです。よかったよかった。

解説

　話しことばとは，相手と対面した場面で対話をしながらやりとりされることばである。子どもは他者と話す体験を通して，ことばの意味や使用方法について学んでいく。子どもが２，３歳になると，大人と会話しながら，考えていることや自分の気持ちを伝えられるようになる。

(1) 一語発話，二語発話から多語発話へ

　１歳ごろに初語が出現し，その後，**一語発話**がはじまる。子どもが発したことばは１つの語でも，その１語によってさまざまな意味を伝えることができる。たとえば，「ママ」という語は，出かける際に玄関で靴をはくときに言ったならば「ママの靴だ」を意味するだろうし，お父さんと留守番をしているときに言えば，「ママがいないね」の意味になるかもしれない。ママという１語が，そのときの状況や聞き手に支えられて，文と同じように意味を伝えることができる。

　やがて，２歳を迎えるころには，ことばとことばをつなげる**二語発話**ができるようになる。出現の初期は語と語のあいだが比較的長くあいてしまうことがあり，二語発話の出現にまわりの大人が気づかないことも多い。しかし，徐々に２語がまとまって，たとえば，「マンマ，ナイナイ」や「パパ，バイバイ」などとなってくる。このとき助詞や助動詞などの付属語は欠落しているが，ある程度，文法的な規則性がみられる。たとえば，「マンマ，ナイナイ」は主語と述語の関係にある。また，「マンマ，ちょうだい」なども，目的語と他動詞の関係にある。しだいに文法的関係を学習していくにつれて，より多くのことばをつなげる**多語発話**ができるようになっていく[6]。

(2) 会話（対話）の成立に向けて

　会話とは，話し手と聞き手が相互に役割を変化させながら，お互いの考えや気持ちを伝えあう活動である。話しことばによって自分の考

えや気持ちを表現し，また相手の考えや気持ちを理解して，それに応じていくことで会話となっていく。

　子どもは，2歳から3歳までに急激に会話のしかたがうまくなる。それは，会話におけるルールを習得するからである。たとえば，話し手・聞き手の役割を交互にとりながらしゃべれることができるようになり，目を合わせ，他者の言ったことに正しく反応し（質問されたことに答える），同じ話題を継続して話すなどのルールにのっとって話すことができるようになる。

　会話のルールの習得には，大人の助けが大きな役割を果たす。たとえば，大人は子どもが聞き取りやすいように，ゆっくりと話したり，子どもの話したことを確かめたり，質問したりする。もっと話すように励ましたりもする。子どもがことばを話そうとする努力に対して，大人が敏感に応え，支援することを，**足場づくり**という。大人がうまく足場をつくることで，子どもは会話の積極的な参加者となっていくことができるのである[7]。

【参考書】

ガーヴェイ, C.／柏木恵子・日笠摩子（共訳）(1987)『子どもの会話――"おしゃべり"にみるこころの世界』サイエンス社

💭 こぼれ話

保育場面における異文化間適応

　ヨウ君のお父さんは中国人，お母さんは日本人です。ヨウ君は中国で生まれました。中国で通っていた保育施設では，先生は絶対的な存在で指示に従うことが求められていました。そのためか，4歳のとき日本の幼稚園に転入した頃は，先生の指示を待って行動する様子が目立っていました。一方，いま通っている幼稚園では，できるだけ自分で考えて行動することが先生から求められています。日本に来て1年がたち，ヨウ君はことばや生活習慣など目に見える違いから，先生の期待といった目に見えない違いまで，様々な文化差を体験してきたはずです。しかし，今では新しい環境にすっかり馴染んで，何事にも積極的に取り組めるようになりました。

　ある日，私がヨウ君にお話しづくりをして遊ぼうと誘うと，ヨウ君は「楽しそうだなぁ」と大喜びしました。しかし，私がお話を始めて「この続き，どう思う？」と聞くと，先ほどまでの楽しそうな様子とは対照的にとまどい顔です。そして「何を答えればいいの？」とおずおずと尋ねました。私が求めるように答えようとしたのでしょう。一見，ヨウ君は日本の幼稚園によく馴染んでいるように見えます。でも，中国の保育施設での経験（先生の望むようにする）も忘れているわけではないのです。

　異なる文化に適応することを異文化間適応といいます。生まれ育った文化から異なる文化に入って適応するプロセスには，とても複雑な心理的変化が伴うことをあらためて実感しました。〔塚田-城みちる〕

4 • 読み書きことばの発達

エピソード 50　お姉さんへ

　レナちゃん（4歳）のおうちにうかがったときのことです。お母さんに案内されて，お部屋に入るとレナちゃんが机に向かってなにやら書いていました。私に気がつくと，レナちゃんは小さく折りたたんだ紙を差し出しました。お母さんが，「レナ，お手紙書いたんだよね」と補足してくれたので，私は「ありがとう」と言って，その手紙を受け取りました。開いてみると，「おねえさんへ」と書かれた紙に，かわいいお洋服を着た女の子の絵が描いてあります。

　大人が「手紙」を書く際には，何らかの用件を相手に文章で記します。レナちゃんの手紙には女の子の絵が描いてあるだけで，私への用件は書いてありませんでした。レナちゃんに限らず，文の記載のない手紙は幼児によくみられるものです。幼稚園児の書く手紙について調査をした研究によると，対象となった幼稚園児の書いた手紙の8割が文の記載のないものだったそうです。子どもたちの書く文の記載のない手紙は，手紙とは言えないのでしょうか。

　大人の場合，仕事などで形式的に何かを伝えるだけの手紙もありますが，プライベートな場面では何らかのメッセージを伝えるとともに，相手との気持ちのやりとりを目的に手紙を書くことも多いと思います。用件を伝えるだけではなくて，手紙を書いて相手に差し出すこと自体が，相手との親密な関係を意味することになります。つまり手紙には，なにかしらの用件を伝えるといったメッセージを伝達する側面と，相手との気持ちの交流を図るという側面があるのです。手紙を書き始めたころの子どもたちの手紙は，手紙の2つの側面のうち，何か具体的な用事を伝えるという伝達の側面よりも，自分の描いた「絵」を親しい誰かに「手紙」というかたちで渡すことで，その相手との気持ちの交流を図るという側面が重視されているようです。後に子どもたちは，遊びの約束などの用件を文章だけで記した手紙を書くようになります。しかし，手紙の機能のうち，気持ちの交流の側面のほうを先に獲得するということはとても興味深く思えます。たとえば，絵だけしか描いてないなら，絵をあげるということでもすみそうですが，それを「手紙」としてあげると，文字としては現れていなくても，その人の気持ちが含まれている気がしてずいぶんと親密なやりとりになります。誰かに手紙を書きたいという気持ちから，手紙にとって欠くことのできない気持ちの交流の側面をまず理解し，次にメッセージをことばで伝えるために，文字への興味をもつようになるでしょう。レナちゃんの手紙も，私への気持ちが含まれていたのだと思います。

解説

(1) 一次的ことばと二次的ことば

　　子どもは，具体的な生活の場のなかで，両親やきょうだい，友だちとの相互的なやりとりを通してことばを習得していく［☞言語発達］。 p.178
このようにして獲得されることばを，**一次的ことば**という。一次的ことばは，ことばが発せられるときの状況に深く結びついた，親しい人との会話によることばである。

　　幼児期の終わりごろから，子どもは読み書きの世界にも入っていく（最近は，子どもが読み書きの世界に触れるのが以前よりも早くなっているようである）。そして，小学校に入学すると，「学習」というかたちで，読むこと，書くこと，みんなの前で発表することなどを学んでいく。こうして獲得されることばを，**二次的ことば**という。一次的ことばと二次的ことばの特徴を，表6-3に示した[8]。

　　二次的ことばは学校の学習というかたちで，大人から意図的に教育されるものであり，一次的ことばのように具体的な生活に密着していないので，その獲得には困難が伴う。

　　こんなエピソードがある。ケンくんは，「カライ」ということばを「おいしくない」という意味で使っていた。母親が子どもに食べさせ

表6-3　一次的ことばと二次的ことばの特徴
(岡本夏木（1985）『ことばと発達』岩波新書を改変して作成)

コミュニケーションの形態	一次的ことば	二次的ことば
状況とその成立条件	具体的状況における文脈に支えられてことばの意味を相手に伝えることができる	現実の場面を離れ，ことばの文脈によって相手に伝える（具体的な状況もことばで説明しなければならない）
対象	比較的限られた自分をよく知っているひと	未知の不特定多数者 抽象化された一般者
展開の仕方	自分と相手との会話での共同作業によってテーマが掘り下げられる	自分の側からの一方的伝達行為で，話の展開を自分で設計する
媒体	話しことば	話しことば 書きことば

第6章　話して伝える——ことば

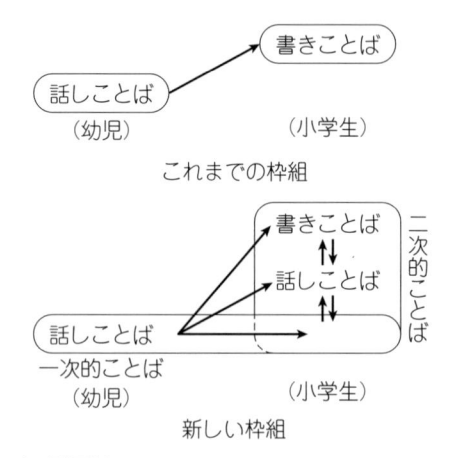

```
         ┌──────────┐
         │ 書きことば │
    ┌────┴──────┐ ↑
    │ 話しことば │/
    └───────────┘
      （幼児）      （小学生）
         これまでの枠組


                ┌──────┐  二
              ↗ │書きことば│  次
              / ↕        │  的
              / │話しことば│  こ
    ┌──────┐/  ↕        │  と
    │話しことば├──────────┤  ば
    └──────┘            │
    一次的ことば          │
      （幼児）     （小学生）
         新しい枠組
```

図 6-1　ことばの重層性
（岡本夏木（1991）『児童心理』岩波書店）

たくないものがあるとき，「これはおいしくないよ。カライからね」と言っていたからである。しかし学校では，「カライ」というのは「おいしくない」という意味ではない。「激しく舌を刺激するような味」という辞書的な意味を覚え，その意味で使うことが求められる。ケンくんは，家庭での使い方を離れて，「客観的な」ことばの意味を学ばなければならない。

　一次的ことばと二次的ことばとの関係は，一次的ことばがだんだん二次的ことばに変わっていくのでも，一次的ことばが増えると二次的ことばになっていくのでもない。2つのことばは質的に異なるもので，乳幼児から発達してきた一次的ことばの上に，学童期になって二次的ことばが重なっていくのである[8]。こういう一次的ことばと二次的ことばの重層的な構造は，大人も同じである。大人でも，親しい人との会話では一次的ことばを使い，会議など公的な場面では二次的ことばを使う。

(2) 乳幼児期の読み書きことば

　　子どもたちが本格的に読み書きことばと出会うのは学童期に入ってからであるが，幼児期にすでに，正しく文字の読み書きができるよう

（4歳，女児）指で文字を追いながら，声に出して，ゆっくりと本を読み上げる。よく知っている本なら読める。

（4歳5ヵ月，男児）「おじさんへ。この間はウルトラマンのカルタありがとう。」と書いている（つもり）。

になる以前から，絵本の読み聞かせや遊びといった日常的な生活のなかで，文字に触れはじめる。

多くの子どもたちは生後6ヵ月頃までに，初めての本に出会う[9]。しかし，その頃子どもにとって本はまだ本として認識されておらず，角をしゃぶったり，ページをめくったりすることに熱中する。だからといって絵本の内容にまったく興味がないのではなく，抑揚のある大きな声で読むと喜んで反応する。1歳を過ぎる頃から，"読むこと"を楽しみ，自ら本を持ってきて「読んで」とせがんだり，ひとりでページをめくって"読む"ようになる。ことばが出始めると，本に描かれている絵を指して，「ワンワン」「ゾウサン」などと命名しながら読む。3歳前後から，絵本に書かれている文字へも関心をもち始め[10]，文字がある程度よめるようになってくると，絵からだけではなく文字からも情報を得ようとする。文字を読めるようになった当初は，ひとつひとつの文字を指差しながら拾い読みをしているので，なかなか意味の理解までには至らないが，次第に文字を意味のまとまりとして読めるようになってくると，文字から内容の理解もできるようになる[11]。

子どもが文字を読めるようになるのは，自分で自発的に学ぶからでも，大人から一方的に教え込まれるからでもない。大人との対話

のなかで文字に触れ，関心をもち，やりとりのなかでその意味を知るのである。絵本の読み聞かせも，内容や文字の理解だけを目的としているのではなく，読み聞かせた絵本の内容から日常生活の話題に会話が発展するという。親子のコミュニケーションの場として機能すること[12]によって，読み書きことばの獲得につながるのである。

【参考書】
岡本夏木（1985）『ことばと発達』岩波書店
佐々木宏子（2000）『絵本の心理学』新曜社
秋田喜代美（1998）『読書の発達心理学』国土社

引用文献

第1章 新しい世界へ——移行
1. 下條信輔（1988）『まなざしの誕生—赤ちゃん学革命』新曜社
2. Fantz, R. Z. (1963) Pattern vision in newborn infants. Sience, 140, 296-297.
3. 正高信男（1993）『0歳児がことばを獲得するとき』中公新書
4. 谷田貝公昭（1992）「姿勢と運動の発達」橋口英俊　責任編集『新児童心理学講座3』金子書房
5. 小此木啓吾（編）（1977）『世界の思想家　フロイト』平凡社
6. 牛島定信（2000）『現代精神分析学』放送大学教材
7. ニューマン, B. M.,・ニューマン, P. R.／福富護（訳）（1988）『生涯発達心理学—エリクソンによる人間の一生とその可能性』川島書店
8. 岡本夏木（1986）「ピアジェ」村井潤一（編）（1986）『発達の理論をきずく』別冊発達4　ミネルヴァ書房
9. ピアジェ, J.／滝沢武久（訳）（1972）『発生的認識論』白水社
10. 守屋慶子（1986）「ヴィゴツキー」村井潤一（編）（1986）『発達の理論をきずく』別冊発達4　ミネルヴァ書房
11. ヴィゴツキー, L. S.／柴田義松（訳）（1962）『思考と言語』上, 下　明治図書
12. Barker, R. G. & Wright, H. (1966) One boy's day: A specimen record of behavior. Hamden, CT: Archon Books.
13. 本山ちさと（1998）『公園デビュー—母たちのオキテ』学陽書房
14. ブロンフェンブレンナー, U.／磯貝芳郎・福富護（訳）（1996）『人間発達の生態学（エコロジー）』川島書店
15. 幼児保育研究会編（2003）『最新保育資料集2003』ミネルヴァ書房
16. 山本多喜司・ワップナー, S.（編著）（1991）『人生移行の発達心理学』北大路書房
17. 結城恵（1998）『幼稚園で子どもはどう育つか　集団教育のエスノグラフィ』有信堂
18. 福田廣・藤原武弘・古川雅文（1980）「幼児の新環境適応に関する微視発生的研究」山口大学教育学部研究論叢, 30, 1-10.
19. Klein, D. C. & Ross, A. (1965) Kindergarten entry: A Study of role transition In H.J. Parad (Ed.) Crisis intervention: Selected readings. New York: Family Service Association of America.
20. Dunn, J. & Kendrich, C. (1982) Sibling: Love, envy, and understanding.

Harvard University Press.
21. Dunn, J. & Brown, J. (1991) Relationships, talk about feelings, and the development of affect regulation in early childhood. In J. Garber & K. A. Dodge (Eds.) The development of emotion regulation and dsyregulation. Cambridge University Press.
22. 須田治 (1999)『情緒がつむぐ発達——情緒調整とからだ，心，世界』新曜社
23. 服部祥子・原田正文 (1991)『乳幼児の心身発達と環境——大阪レポートと精神医学的視点』名古屋大学出版会
24. 村上京子 (1989)「きょうだい関係の展開」小島秀夫 (編)『乳幼児の社会的世界』有斐閣
25. Kojima, Y. (2000) Maternal Regulation of Sibling Interactions in the Preschool Years: Observational study in Japanese Families. *Child Development*, 71, 6, 1640 - 1647.
26. 小島康生 (2001)「外出中の家族を対象とした親子の関わりと夫婦間の役割調整——子どもが1人の家族と2人の家族の比較を通して」家族心理学研究, 15, 1, 25-34.

第2章 人や物とかかわる——関係

1. ボウルビィ, J./黒田実郎・大場蓁・岡田洋子 (訳) (1976)『母子関係の理論① 愛着行動』岩崎学術出版社
2. 臼井博 (1988)「幼児期の母子関係——愛着の研究を中心に」心理学評論, 13.
3. シャファー, H. R./矢野喜夫・矢野のり子 (訳) (1979)『母性のはたらき』サイエンス社
4. 小島謙四郎 (1981)『乳児期の母子関係——アタッチメントの発達』第2版 医学書院
5. Lewis, M. & Brooks-Gunn, J. (1979) *Social Cognition and the Acquiaition of Self*. NY: Plenum.
6. バウアー, T. G. R./岡本夏木ほか (訳) (1980)『乳児期——可能性を生きる』ミネルヴァ書房
7. 岡本夏木 (1982)『子どもとことば』岩波新書
8. シャッファー, H. R./無藤隆・佐藤恵理子 (訳) (2001)『子どもの養育に心理学がいえること』新曜社
9. 大日向雅美 (1988)『母性の研究』川島書店
10. Bushnell, I. W. R., Sai, F., & Mullen, J.T. (1989) Neonatal recognition of the mother's face. *British Journal of Developmental Psychology*, 7, 3-15.
11. Feinman, S., Roberts, D., Hsieh, K., Sawyer, D., & Swanson, D. (1992) A critical review of social referencing in infancy. In S. Feinman (Ed.) *Social*

referencing and the social construction of reality in infancy. New York and London: Plenum Press, pp.15-56.
12. ホブソン, P./木下孝司（監訳）（2000）『自閉症と心の発達――「心の理論」を超えて』学苑社
13. Score, J. F., Emde, R. N., Campos, J., & Klinnert, M. D. (1985) Maternal emotional signaling: Its effect on the visual cliff behavior of 1-year-olds. *Developmental Psychology*, 21(1), 195-200.
14. Hornik, R., Risenhoover, N., & Gunnar, M. (1987) The effect of maternal positive, neutral and negative affective communications on infant responses to new toys. *Child Development*, 58. 937-944.
15. 遠藤利彦・小沢哲史（2001）「乳幼児期における社会的参照の発達的意味およびその発達プロセスに関する理論的検討」心理学研究, 71(6), 498-514.
16. 小沢哲史・遠藤利彦（2001）「養育者の観点から社会的参照を再考する」心理学評論, 4(3), 271-288.
17. 鹿蒠達哉（1991）「遊び」山本多喜司（監修）『発達心理学用語辞典』北大路書房
18. 高坂聡・小芝隆（1999）「遊びの発達と友だち関係」繁多進（編著）『乳幼児発達心理学』福村出版
19. Parten, M. B. (1932) Social participation among pre-school children. *Journal of Abnormal and Social Psychology*, 27, 243-269.
20. 山本登志哉（2000）「群れはじめる子どもたち」岡本夏木（編）『年齢の心理学――0歳から6歳まで』ミネルヴァ書房
21. 高橋たまき（1984）『乳幼児の遊び――その発達プロセス』新曜社
22. 鯨岡峻・鯨岡和子（2001）『保育を支える発達心理学』ミネルヴァ書房
23. Ellis, S., Rogoff, B., Cromer, C. C. (1981) Age segregation in children's social interactions. *Developmental Psychology*, 17, 399-407.
24. 無藤隆（1992）『子どもの生活における発達と学習』ミネルヴァ書房
25. 齋藤こずゑ・木下芳子・朝生あけみ（1986）「仲間関係」無藤隆・内田伸子・斉藤こずゑ（編著）『子ども時代を豊かに――新しい保育心理学』学文社, pp.59-111.
26. Bakeman, R., & Brownlee, J. R. (1982) Social rules governing object conflicts in toddlers and preschoolers. In K. Rubin, & H.S. Ross (Eds.) *Peer relationships and social skills in childhood*. New York: Springer Verlag, pp.99-111.
27. 山本登志哉（1991）「幼児期に於ける『先占の尊重』原則の形成とその機能――所有の個体発生をめぐって」教育心理学研究, 39, 122-132.
28. 高坂聡（1996）「幼稚園児のいざこざに関する自然観察的研究――おもちゃをとるための方略の分類」発達心理学研究, 7, 1, 62-72.

29. 松井愛奈（2001）「幼児の仲間への働きかけと遊び場面との関連」教育心理学研究, 49, 285-294.
30. 加用文男（1992）「子どもの感情の発達（中）秘密の内容と形式」現代と保育, 30号, 134-153.
31. 木下孝司（1996）「子どもが〈心〉の存在に気づくとき」発達, 66(17), 28-35.
32. 中村柾子（1992）「はじめてのうそ」発達, 52（13), 1-8.
33. 矢野喜夫（1992）「うその発達」発達, 52(13), 9-16.
34. 結城恵（1998）『幼稚園で子どもはどう育つか　集団教育のエスノグラフィー』有信堂
35. 仲野悦子・後藤永子（2002）「異年齢児のかかわり――いたわりと思いやりのこころ育ち」保育学研究, 40, 2, 72-80.
36. Selman, R.（1976）Social-cognitive understanding. In T. Lickona（Ed.）*Moral development and behavior*. Halt, pp.299-316.
37. 高橋たまき（1991）『遊びと発達』新・児童心理学講座11　金子書房, pp.113-166.
38. 谷村覚（1997）「2歳と3歳：自己への旅立ち」発達, 70, ミネルヴァ書房, pp.13-19.
39. 山口真美（2003）『赤ちゃんは顔をよむ』紀伊國屋書店
40. ゴロンボク, S.・フィバッシュ, F.／小林芳郎・瀧野揚三（訳）（1997）『ジェンダーの発達心理学』田研出版
41. 塚田‐城みちる・石井冨美子・古澤頼雄・富田庸子（2003）「就学前児における親子理解の検討――『生みの親』と『育ての親』をどう理解しているか」子ども家庭福祉学, 3, 1-10.
42. Johnson, S. C., & Solomon, G. E. A.（1997）Why dogs have puppies and cats have kittens: The role of birth in young children's understanding of biological origins. *Child Development*, 68(3), 404-419.
43. Solomon, G. E. A. & Johnson, S. C.（1996）Like father, Like son: Young children's understanding og how and why offspring resemble their parents. *Child Development*, 67, 151-171.
44. 大倉得史（2002）『拡散：ディフュージョン――「アイデンティティ」をめぐり, 僕達は今』ミネルヴァ書房
45. 古澤頼雄・富田庸子・石井冨美子・塚田‐城みちる・横田和子（2003）「非血縁家族における若年養子へのテリング――育て親はどのように試みているか？」中京大学心理学研究科・心理学部紀要, 3(1), 1-6.
46. 外山紀子（1998）「保育園の食事場面における幼児の席とり行動――ヨコに座ると何かいいことあるの？」発達心理学研究, 9(3), 209-220.

第3章 自分に気づく――自己

1. Stern, D.／神庭靖子・神庭重信（訳）（1989）『乳児の対人世界　理論編』岩崎学術出版社
2. トレヴァーセン, C.・ヒューブリー, P.（1989）「第2次相互主体性の成り立ち」鯨岡峻（編訳著）『母と子のあいだ――初期コミュニケーションの発達』ミネルヴァ書房, pp.102-162.
3. 鯨岡峻（1997）『原初的コミュニケーションの諸相』ミネルヴァ書房
4. 菅野幸恵（2001）「母親が子どもをイヤになること――育児における不快感情とそれに対する説明づけ」発達心理学研究, 12, 12-23.
5. 氏家達夫（1995）「自己主張の発達と母親の態度」繁多進・二宮克美（執筆代表）『たくましい社会性を育てる』有斐閣
6. 坂上裕子（2003）「歩行開始期における母子の共発達――子どもの反抗・自己主張への母親の適応過程の検討」発達心理学研究, 14, 3, 257-271.
7. 柏木惠子（1988）『幼児期における「自己」の発達』東京大学出版会
8. 鯨岡峻・鯨岡和子（2001）『保育を支える発達心理学』ミネルヴァ書房
9. 東洋・柏木惠子・ヘス, R. D.（1981）『母親の態度・行動と子どもの知的発達――日米比較研究』東京大学出版会
10. 伊藤裕子（1978）「性役割の評価に関する研究」教育心理学研究, 26, 1-11.
11. 田中昌人・田中杉恵（1984）『幼児期II』子どもの発達と診断4　大月書店
12. 辻平治郎（1993）「自己概念の理論と研究」『自己意識と他者意識』北大路書房, pp.23-40.
13. 桜井茂男・杉原一昭（1985）「幼児の有能感と社会的受容感の測定」教育心理学研究, 33, 237-242.
14. Higgins, E. T.（1987）Self-Discrepancy: A theori relating self and affect. *Psychological Review*, 94(3), 319-340.
15. 佐久間（保崎）路子・遠藤利彦・無藤隆（2000）「幼児期・児童期における自己理解の発達――内容的側面と評価的側面に着目して」発達心理学研究, 11(3), 176-187.
16. Case, R.（1991）Stages in the development of the young child's first sense of self. *Developmental Review*, 11, 210-230.

第4章 感じてあらわす――情緒

1. 園田菜摘（2002）「感情の発達」『児童心理学の進歩』金子書房, pp.110-133.
2. Lewis, M.（2000）The emergence of human emotions. In M. Lewis & J.M. Haviland（Eds.）*Handbook of emotions*. Second edition. Guilford Press, pp.223-235.

3. 遠藤利彦（1995）「乳幼児期における情動の発達とはたらき」麻生武・内田伸子（責任編集）『人生への旅立ち――胎児・乳児・幼児前期』講座生涯発達心理学第2巻　金子書房
4. 坂上裕子（1999）「歩行開始期における情動制御――問題解決場面における対処行動の発達」発達心理学研究, 10, 99-109.
5. Cole, P.M.（1986）Children's spontaneous control of facial expression. *Child Development*, 57, 1309-1321.
6. 梶田叡一（1989）「自己意識の発達過程――ある概観の試み」梶田叡一（編著）『自己意識の発達心理学』金子書房
7. Lewis, M., Sullivan, M.W., Stranger, C., & Weiss, M.（1989）Self development and self-conscious emotions. *Child Development*, 60, 146-156.
8. 荘厳舜哉（1997）『文化と感情の心理生態学』金子書房
9. Field, T.M., Woodson, R., & Cohen, D.（1982）Discrimination and imitation of facial expressions by neonates. *Science*, 218, 179-181.
10. Haviland, J.M. & Lelwica, M.（1987）The induced affect response: 10-week-old infants' responses to three emotion expressions. *Developmental Psychology*, 23, 97-104.
11. Sagi, A. & Hoffman, M. L.（1976）Empathic distress in the newborn. *Developmental Psychology*, 12, 175-176.
12. Dunn, J.（1991）Understanding others: evidence from naturalistic studies of children. in A. Whiten（Ed.）*Natural theories of mind: Evolution, development and simulation of everyday mindreading*. Blackwell.
13. 須田治（1999）『情緒がつむぐ発達――情緒調整とからだ, こころ, 世界』新曜社
14. Saarni, C.（1999）*The development of emotional competence*. New York: Guilford Press.
15. ゴールマン, D.／土屋京子（訳）（1996）『ＥＱこころの知能指数』講談社

第5章　世界を知る――認知

1. トレヴァーセン, C.・ヒューブリー, P.（1989）「第2次相互主体性の成り立ち」鯨岡峻（編訳著）『母と子のあいだ――初期コミュニケーションの発達』ミネルヴァ書房, pp.102-162.
2. Trevarthen, C.（1979）Communication and cooperation in early infancy: A description of primary intersubjectivity. In M. Bullowa（Ed.）*Before speech: The beginning of interpersonal communication*. Cambridge, England: Cambridge University Press, pp.321-347.
3. 山田洋子（1980）「言語機能の基礎」心理学評論, 23(2), 163-182.
4. Tomasselo, M.（1999）「社会的認知としての共同注意」Moore, C., Dunham, P. J.（編著）／大神英裕（監訳）『ジョイント・アテンション

──心の起源とその発達を探る』ナカニシヤ出版, pp.93-117.
5. やまだようこ (1998)「身のことばとしての指さし」秦野悦子・やまだようこ (編)『コミュニケーションという謎』シリーズ 発達と障害をさぐる 第I巻, pp.1-31.
6. Desrochers, S., Morissette, P., & Ricard, M. (1999)「乳幼児の指さしに関する2つの展望」Moore, C., Dunham, P. J. (編著) ／大神英裕 (監訳)『ジョイント・アテンション──心の起源とその発達を探る』ナカニシヤ出版, pp.77-92.
7. Messenger, D. S. & Fogel, A. (1998) Give and take: The development of conventional infant gestures. *Merrill-Palmer Quarterly*, 44(4), 566-590.
8. 矢藤優子 (2000)「子どもの注意を共有するための母親の注意喚起行動──おもちゃ遊び場面の分析から」発達心理学研究, 11(3), 153-162.
9. Adamson, L.B. & Bakeman, R. (1985) Affect and attention:Infants observed with mothers and peers. *Child Development*, 56, 582-593.
10. 麻生武・伊藤典子 (2000)「他者の意図に従う力・逆らう力」岡本夏木・麻生武 (編)『年齢の心理学──0歳から6歳まで』ミネルヴァ書房
11. 塚田みちる (2001)「養育者との相互交渉にみられる乳児の応答性の発達的変化──二項から三項への移行プロセスに着目して」発達心理学研究, 12(1), 1-11.
12. ピアジェ, J.／滝沢武久 (訳) (1972)『発生的認識論』白水社
13. ピアジェ, J.／波多野完治・須賀哲夫・周郷博 (訳) (1969)『新しい児童心理学』白水社
14. 麻生武 (1996)「ピアジェ──認識の起源を問う」浜田寿美男 (編)『別冊発達20 発達の理論──明日への系譜』ミネルヴァ書房
15. Donaldson, M. (1978) *Children's minds*. Fontana.
16. 守屋慶子 (1986)「ヴィゴツキー, L. S. ルリヤ, A. R.」村井潤一 (編)『別冊発達4 発達の理論をきずく』ミネルヴァ書房
17. ワーチ, J. V.／田島信元・佐藤公治・茂呂雄二・上村佳世子 (訳) (1995)『心の声──媒介された行為への社会文化的アプローチ』福村出版
18. 内田伸子 (1989)「物語ることから文字作文へ──読み書き能力の発達と文字作文の成立過程」読書科学, 33, 10-24.
19. Moore, C. & Dunham, P.J. (編著) ／大神英裕 (監訳) (1999)『ジョイント・アテンション』ナカニシヤ出版
20. Butterworth, G. E. & Jarret, N. L. M. (1991) What minds share in common is space: Spatial mechanisms serving joint visual attentionin fancy. *British Journal of Developmental Psychology*, 63, 336-349.
21. Butterworth, G. E. & Cochran, E. (1980) Towards a mechanism of joint visual attention in human infancy. *International Journal of Behavioural*

Development, 3, 253-72.
22. 無藤隆（2001）『発達心理学』ミネルヴァ書房
23. Reddy, V.（1991）Playing with others' expectations: Teasing and mucking about in the first year. In A. Whiten（ed.）*Natural theories of mind: Evolution, development and simulation of everyday mindreading*. Blackwell.
24. Dunn, J.（1991）Understanding others: Evidence from naturalistic studies of children. In A. Whiten（ed.）*Natural theories of mind: Evolution, development and simulation of everyday mindreading*. Blackwell.
25. アスティントン, J. W.／松村暢隆（訳）（1995）『子供はどのように心を発見するか』新曜社
26. 塚田‐城みちる・川田学（2004）「からかいコミュニケーション現象を通してみる乳幼児期のコミュニケーションの質的変化」東京都立大学心理学研究, 14, 1-7.
27. 中里由里（1995）「胎児と母親」麻生武・内田伸子（責任編集）『人生への旅立ち――胎児・乳児・幼児前期』講座生涯発達心理学第2巻, 金子書房, pp.35-64.
28. 水上啓子・加藤忠明・樋口のぞみ（1984）「胎児期の聴覚経験に関する一研究」教育心理学研究, 32(2), 55-59.
29. タルヴィング, E.／太田信夫（訳）（1985）『タルヴィングの記憶理論――エピソード記憶の要素』教育出版
30. Nelson, K. & Gruendel, L. M.（1981）Generalized event representations: Basic building blocks of cognitive development. In M. E. Lamb & A. L. Brown（Eds.）*Avances in development psychology*, Vol.1, Hillsdale, Nj: Erlbaum, pp.131-58.
31. 藤崎春代（1995）「幼児は園生活をどのように理解しているか――一般的出来事表象の形成と発達的変化」発達心理学研究, 6(2), 99-111.
32. Fivush, R.（1984）Learning about school: The development of kindergartners' school scripts. *Child Development*, 55, 1697-709.
33. Hamond, N. R. & Fivush, R.（1990）Memories of Micky Mouse: Young children recount their trip to DisneyWorld. *Cognitive Development*, 6, 433-48.
34. 白井利明（1996）「時間的展望」松田文子・調枝孝治・甲村和三・神宮英夫・山崎勝之・平伸二（編）『心理的時間――その広くて深いなぞ』北大路書房, pp.377-393.
35. 白井利明（1995）「時間的展望と動機づけ――未来が行動を動機づけるのか？」心理学評論, 38(2), 194-213.
36. Tronick, E., Als, H., Adamson, L.B., Wise, S., & Brazelton, T.B.（1978）The infant's response to entrapment between contradictory messages in

face-to-face interaction. *Journal of the American Academy of Child Psychiatry*, 17, 1-13.
37. 木下孝司（2001）「遅延提示された自己映像に関する幼児の理解——自己認知・時間的視点・「心の理論」の関連」発達心理学研究, 12(3), 185-194.
38. 山崎勝之（1996）「時間概念の発達」松田文子・調枝孝治・甲村和三・神宮英夫・山崎勝之・平伸二（編）『心理的時間——その広くて深いなぞ』北大路書房, pp. 333-347.
39. 池上貴美子（1995）「模倣」岡本夏木・清水御代明・村井潤一（監修）『発達心理学辞典』ミネルヴァ書房
40. やまだようこ（1987）『ことばの前のことば——ことばが生まれるすじみち1』新曜社
41. 山田陽子（1998）「N子にとって『まねる行為』の意味するものについて」保育学研究, 36, 2, 94-98.
42. 砂上史子・無藤隆（1999）「子どもの仲間関係と身体性——仲間意識の共有として他者と同じ動きをすること」乳幼児教育学研究, 6, 75-84.
43. 遠藤純代（1995）「遊びと仲間関係」麻生武・内田伸子（責任編集）『講座生涯発達心理学第2巻　人生への旅立ち——胎児・乳児・幼児前期』金子書房
44. 無藤隆・村田光二・浜野保樹（著）（1987）『テレビと子どもの発達』東大出版会
45. Bandura, A., Ross, D., & Ross, S.A.（1963）Imitation of film-mediated aggressive models. *Journal of Abnormal and Social Psychology*, 66, 601-607.
46. 岡本夏木（1982）『子どもとことば』岩波書店
47. 内田伸子（1989）『幼児心理学への招待——子どもの世界作り』サイエンス社
48. モンゴメリ, L. M./村岡花子（訳）（1954）『赤毛のアン』新潮文庫
49. リュケ, G.H./須賀哲夫（監訳）（1979）『子どもの絵——児童画研究の源流』金子書房
50. エング, H./深田尚彦（訳）（1983）『児童の描画心理学』ナカニシヤ出版
51. ディ・レオ, J.H./白川佳代子・石川元（訳）（1999）『絵にみる子どもの発達——分析と統合』誠信書房
52. Ingram, N. & Butterworth, G.E.（1989）The young child's representation of depth in drawing:Process and product. *Journal of Experimental Child Psychology*, 47, 356-379.

第6章 話して伝える——ことば

1. Jacobson, J., Boersma, D., Fields, R., & Olson, K.（1983）Paralinguistic features of adult speech to infants and small children. *Child Development*, 54, 436-42.
2. 岡本依子（2001）「母親と子どものやりとり」やまだようこ・サトウタツヤ・南博文（編著）『カタログ現場心理学——表現の冒険』金子書房, pp.12-19.
3. やまだようこ（1987）『ことばの前のことば——ことばが生まれるすじみち1』新曜社
4. 岡本夏木（1982）『子どもとことば』岩波書店
5. 伊藤克敏（1990）『こどものことば——習得と創造』勁草書房
6. ブルーナー, J. S./寺田晃・本郷一夫（訳）（1988）『乳幼児の話しこと ば——コミュニケーションの学習』新曜社
7. 岡本夏木（1999）「言語発達研究を問いなおす」中島誠・岡本夏木・村井潤一『ことばと認知の発達』シリーズ人間の発達7 東京大学出版会, pp.140-198.
8. 岡本夏木（1985）『ことばと発達』岩波新書
9. ダイヤル・サービス株式会社（編）（2001）「森永乳業エンゼル110番レポート」vol. 34「絵本の読み聞かせをしていますか？」森永乳業
10. 三神廣子（2003）『本が好きな子に育つために——文字の習得と読書への準備』萌文書林
11. 秋田喜代美・無藤隆・藤岡真喜子・安見克夫（1995）「幼児はいかに本を読むか？——かな文字の習得と読み方の関連性の縦断的検討」発達心理学研究, 6, 1, 58-68.
12. 横山真喜子（1997）「就寝前の絵本読み聞かせ場面における母子の対話の内容」読書科学, 41, 91-104.

索　引

■あ　行

愛着（アタッチメント）　38,40,45,79
　　——対象　42
アイデンティティ　80
　　——形成　80
赤ちゃんがえり　30,33
あこがれ　112
預かり保育　24
遊び　52-55
　　——の伝染　52,54
　　共同——　53
　　ごっこ——　72
　　集団——　54
　　身体——　128
　　ひとり——　53,55
　　ふり——　72
　　平行——　53
　　連合——　53
遊び心　145
アタッチメント　→　愛着
安全基地　38,40
安定型　41
アンビバレント型　41

怒り　112,117
育児サークル　17,18
移行対象　39,42
いざこざ　61,98
いたずら　144,148
一次的感情　112,117
一時保育　24
遺伝と環境　4
意図の共有　133
異年齢の関係　68
居場所　17,18,22
異文化理解　20

イベント記憶　154
イメージ　22
因果関係の理解　157

ヴィゴツキー，L.S.　10,15,141
うそ　66
生みの親　79,91
運動発達　5,6

Aタイプ　41
エクソシステム　19
エピソード記憶　154
エリクソン，E.H.　9,10,12,13
延長保育　24

恐れ　49,111,112,117
驚き　112,117
重さ　136
親子関係　80

■か　行

外言　141
回避型　41
外部知覚　87
会話　155
学童期　106,159
数　136
家族　32
　　——システム　34
家庭　17
悲しみ　112,117
我慢　99
からかい　145,148
感覚運動期　135
環境移行　27,111,112
感情　32,49,71,111,112,114,117,118,125

──の発達　114
　　　一次的──　112,117
　　　原初的──　112
　　　二次的──　112,117
記憶　153
　　イベント──　154
　　エピソード──　154
　　新生児期の──　153
　　胎児期の──　153
　　幼児期の──　152,153
気になる子　103
基本的な信頼感　40
虐待　43
ギャングエイジ　66
ギャンググループ　56,66
休日保育　24
共感　112
きょうだい　34
　　──の誕生　32
共同遊び　53
共同注意　146
興味　112,117

具体的操作期　135,140
苦痛　112

形式的操作期　135
嫌悪　112,117
現実自己　105
原初的感情　112

公園　17,18
公園デビュー　17
口唇期　10
行動調整　51
興奮の調整　110
肛門期　10
心の理論　120,146
心への気づき　88
個人差　5

誤信念　148,149
子育て支援　24
ごっこ遊び　72
ことば　15,34,90,115,123,141,153
コミュニケーション　45
　　──のためのことば　141
固有知覚　87

■さ　行────────────
ささやき　141
三項関係　130
3歳児神話　47

Cタイプ　41
ジェスチャー　→　身振り
シェマ　14,135
ジェンダー　75,106
自我　94
視覚的断崖　50
時間的展望　156-157
自己　45,46,86,100
　　──意識　87,90,92,112,117
　　──主張　94,97,98,100,101
　　──概念　45,87
　　──鎮静的な行動　102,114,122
　　──制御　100,101,141
　　──評価　105,106,112,118,158
　　──抑制　98,100,101
　　現実──　105
　　身体的──　87
　　乳幼児の──観　86
　　理想──　105
自己実現　98,100,101,105
自己中心性　140
思考　15,139
　　──のためのことば　141
思春期　5
自制心　99,102
しつけ　94
私的言語（プライベートスピーチ）
　　141,142

児童館　17,18
児童期　5
児童福祉施設　17,18,23
児童養護施設　18
自発的（生理的）微笑　88,89
自分　84
　　現在の――　157
　　未来の――　157
　　――のルーツ　81
社会的参照　48,49,114,123
社会的比較　106
社会的微笑　89
就学前期　158
集団遊び　54
集団生活　17
集団保育施設　23
障害　7
障害児保育　24
少子化　17,24
情緒　33,38,40,112,112,123
　　――調整　112,125
　　――的コンピテンス　125
　　――的知性（EQ）　126
　　――の伝染　122
　　――理解　121
情動　112
　　――のスクリプト　124
情報探索　51
新奇な状況　49
新生児　5
新生児期　5
　　――の記憶　153
身体遊び　128
身体的自己　87
信念　146
心理学　3
心理学的親　79
心理社会的危機　12

スクリプト　154
ストーリー　154

性器期　10
成人期　5
生態学的システム　18
性的快感　10
青年期　5,80
生物学的親　79,80,91
性別　74,75
性役割期待　77,101
生理的微笑　→　自発的微笑
セックス　75
先行所有のルール　62
前操作期　135,138,140

想像　55,111
育ての親　79,91

■た　行――――――――
第一次反抗期　94
退行　33
胎児　5
胎児期　5
　　――の記憶　153
胎動　2
第二次性徴　6
第二次反抗期　94
他者　84
　　――の心の推測　149
　　――の視線の理解　144,146,147
　　――の視点　71,138,140,146
縦割り保育　68
多文化共生　20
だます行為　149
探索活動　128
男性保育者　73

父親　35
知的障害児施設　18
注意　128,130,132
　　――の共有　132,146
　　共同――　146

索引　211

中心化　140
中年期　5
調節　14,135

罪　112,118

定位　41
Dタイプ　42
提示　130
照れ　93,112
手渡し　130

トイレットトレーニング　8
同一化　78
同一視　78,106
同化　14,135
統合保育　59
友だち　58,77

■な　行
内化　141
内言　141
内緒話　64,65
仲間　57,58
　──入り　62
　──のしるし　64
仲間関係　27,57,66
仲間集団　66
なぐさめ行動　123

二項関係　129
二次的感情　112,117
乳児　5,87,88
乳児期　5,157
　──の自己観　86
妊娠期　2
認知　14
　──の枠組み　135

■は　行
パーソナリティ　12

バウアー，T.G.R.　44
恥（恥ずかしい）　112,116,118
発信行動　41
発生的認識論　14
発達　3
　──の最近接領域　15
発達課題　12
発達心理学　3
発達段階　11,13,14,135
母親　35
反抗　94-97
反抗期　92,94-96
　第一次──　94
　第二次──　94

ピアジェ，J.　10,14,135,137,140
Bタイプ　41
人-人の二項関係　129
ひとみしり　40,44,45,75
人-物の二項関係　129
ひとり遊び　53,55
ひとり親　91
一人二役対話　22
秘密　65
病後児保育　24
表象　22
表情　122
表示ルール　115

プライベートスピーチ　→　私的言語
ふり遊び　72
フロイト，S.　10,152
ブロンフェンブレンナー，U.　18

平行遊び　53

保育園　→　保育所
保育士　17
保育所　17,23,24
傍観的行動　53
ボウルビィ，J.　40,45

誇り　112,118
母性神話　47
母性本能　47
保存　136
　　——課題　137

■ま　行—————————
マイクロシステム　19
マクロシステム　19
真似　70,160
満足　112

未就園児　18,25
見知らぬ他者　40
三つ山課題　140
見通し　86
身振り（ジェスチャー）　85,130

無秩序型　42

メゾシステム　19

物の永続性　136
物の所有　62
模倣　33,34,71,76,121

■や　行—————————
役割　71
　　——取得　71
　　——分担　72

指さし　130
　　——理解　131
指しゃぶり　84

養護性　47,68
養子　91
幼児　5
幼児期　5,106,158
　　——の記憶　152,153
幼稚園　17,23,24
喜び　112,117

■ら　行—————————
ライフサイクル　12

理想自己　105
量　136

ルイス,M.　45
ルーツ（自分の）　81

連合遊び　53

老年期　5

■わ　行—————————
わざとする　65
ワロン,H.　22

著者紹介

岡本依子（おかもと　よりこ）
東京都立大学人文科学研究科心理学専攻博士課程，単位取得満期退学
現所属は，立正大学社会福祉学部，教授
〈発達心理学を専攻するきっかけ〉
大学の学部時代は社会福祉を専攻し，ボランティアに明け暮れ，あまり勉強もせずに過ごしました。ところが，ボランティアなど直接子どもたちと触れ合う経験から，徐々に，個性として見えてくるその子その子のあり方や，あるいは，人が発達することそのものに興味が沸いてきて，発達心理学に目覚めたのでした。

菅野幸恵（すがの　ゆきえ）
白百合女子大学大学院文学研究科博士課程中途退学，博士（心理学）
現所属は，青山学院大学コミュニティ人間科学部，教授
〈発達心理学を専攻するきっかけ〉
以前から子どものことには興味がありましたが，大学時代に指導の先生の研究のお手伝いをしたことと，大学院になってから共著者の岡本さんと子どものことばの研究をしたことが，発達心理学（乳幼児の発達）への興味が膨らむきっかけとなりました。子どもたちの発達は知れば知るほど奥深く，今でも驚き，感動することの連続です。

塚田‐城みちる（つかだ‐じょう　みちる）
東京都立大学人文科学研究科心理学専攻博士課程，単位取得満期退学，博士（心理学）
現所属は，神戸女子短期大学幼児教育学科，教授
〈発達心理学を専攻するきっかけ〉
私は大学で心理学を勉強した後，数年間，一般企業に勤務していました。社会に出て，仕事を通じて出会う人とのかかわりの中で，ますます「こころ」への関心が深まっていったように思います。それでまた学生に逆戻りして，大学院で勉強することにしました。子どもも大人も発達していくところに興味があります。

エピソードで学ぶ
乳幼児の発達心理学
関係のなかでそだつ子どもたち

初版第 1 刷発行	2004 年 7 月 5 日
初版第17刷発行	2022 年 3 月25日

著　者　岡本依子
　　　　菅野幸恵
　　　　塚田‐城みちる
発行者　塩浦　暲
発行所　株式会社 新曜社
　　　　〒101-0051　東京都千代田区神田神保町3-9
　　　　電話 03-3264-4973㈹・Fax 03-3239-2958
　　　　URL http://www.shin-yo-sha.co.jp/
印刷所　銀　河
製本所　難波製本

Ⓒ Yoriko Okamoto, Yukie Sugano, Michiru Tsukada-Jo, 2004 Printed in Japan
ISBN978-4-7885-0907-8 C1011

―――― 新曜社の関連書 ――――

エピソードで学ぶ赤ちゃんの発達と子育て いのちのリレーの心理学	菅野幸恵・塚田みちる・岡本依子	A5判212頁 1900円
こころが育つ環境をつくる 発達心理学からの提言	子安増生・仲真紀子編著	四六判288頁 2300円
発達をうながす教育心理学 大人はどうかかわったらいいのか	山岸明子	A5判224頁 2200円
子育て支援に活きる心理学 実践のための基礎知識	繁多進編	A5判216頁 2400円
■キーワードコレクション■ 発達心理学　改訂版	子安増生・二宮克美編	A5判248頁 2400円
子どもエスノグラフィー入門 技法の基礎から活用まで	柴山真琴	A5判228頁 1900円
子どもの発達心理学	高橋道子・藤﨑眞知代 仲真紀子・野田幸江	A5判256頁 1900円
保育のための発達心理学	藤﨑眞知代・野田幸江 村田保太郎・中村美津子	A5判224頁 1900円
子どもの養育に心理学がいえること 発達と家族環境	H. R. シャファー 無藤隆・佐藤恵理子訳	A5判312頁 2800円
子どもの認知発達	U. ゴスワミ 岩男卓実ほか訳	A5判408頁 3600円
身体から発達を問う 衣食住のなかのからだとこころ	根ケ山光一・川野健治編著	四六判264頁 2400円
学力低下をどう克服するか 子どもの目線から考える	吉田甫	四六判266頁 2200円
エリクソンの人生　上・下 アイデンティティの探求者	L. J. フリードマン やまだようこ・西平直監訳	上＝A5判344頁 4200円 下＝A5判414頁 4500円

（表示価格はすべて税別です。）